Prof. Dr. Selçuk Şirin, New York Üniversitesi'nde (NYU) çocuk gelişim ve istatistik dersleri vermekte, eğitimden gelişime geniş bir alanda araştırmalar yapmaktadır. İlkokula Yiğitkonağı köyünde başlamış ve liseyi Göle'de bitirmiştir. ODTÜ'den lisans, SUNY'den yüksek lisans ve Boston College'dan doktora derecesi alan Şirin, 100'ü aşkın bilimsel yayına imza atmıştır. Boston College ve NYU'dan Öğretim Üyesi Mükemmeliyet Ödülü, ABD Çocuk Gelişimi Vakfı'ndan Araştırmacı Ödülü, dünyadaki en büyük eğitim araştırmacılar derneği AERA'dan Araştırma Büyük Ödülü ve geliştirdiği projelerle Jacobs Vakfı'ndan 2018 Sosyal Girişimcilik Ödülü almıştır. Selçuk Şirin 2015 yılında ABD Bilimler Akademisi Çocuk, Ergen ve Aile Komisyonu'na seçilmiştir. 2014-2018 yılları arasında *Hürriyet*'te haftalık köşe yazıları yazan Selçuk Şirin'in *Yol Ayrımındaki Türkiye: Ya Özgürlük Ya Sefalet* ve *Bir Türkiye Hayali* adlı iki Türkçe kitabı, *Muslim American Youth: Understanding Hyphenated Selves Through Multiple Methods* adlı bir İngilizce kitabı, ilkokul çocukları için sınıflara göre hazırlanmış Proje Seti ve yeni doğan çocuklar için özel olarak hazırlanmış bebek kitapları bulunmaktadır.

Kişisel sayfa: http://selcuksirin.com
Akademik sayfa (İngilizce): http://steinhardt.nyu.edu/faculty Selcuk_Sirin
Instagram: selcuksirin
Twitter: Selcukrsirin
Facebook: selcukrsirin

Yetişin Çocuklar

Bebeklikten Ergenliğe Çocuk Yetiştirme Kılavuzu

DOĞAN KİTAP TARAFINDAN YAYIMLANAN DİĞER KİTAPLARI

Yol Ayrımındaki Türkiye
Bir Türkiye Hayali

YETİŞİN ÇOCUKLAR
Bebeklikten Ergenliğe Çocuk Yetiştirme Kılavuzu

Yazan: Prof. Dr. Selçuk Şirin
Editör: Sema Çubukçu

1. baskı / Mart 2019
30. baskı / Mayıs 2019 / ISBN 978-605-09-6037-2
Her 2000 adet bir baskı olarak kabul edilmektedir.
Sertifika no: 11940

Kapak tasarımı: Ayşe Şirin Demir
Baskı: Yıkılmazlar Basın Yayın Prom. ve Kağıt San. Tic. Ltd. Şti.
Evren Mah. Gülbahar Cad. No: 62 / C Güneşli - Bağcılar - İSTANBUL
Tel: (212) 515 49 47
Sertifika no: 11965

Doğan Egmont Yayıncılık ve Yapımcılık Tic. A.Ş.
19 Mayıs Cad. Golden Plaza No. 3, Kat 10, 34360 Şişli - İSTANBUL
Tel. (212) 373 77 00 / Faks (212) 355 83 16
www.dogankitap.com.tr / editor@dogankitap.com.tr / satis@dogankitap.com.tr

Yetişin Çocuklar

Bebeklikten Ergenliğe Çocuk Yetiştirme Kılavuzu

Prof. Dr. Selçuk Şirin
New York Üniversitesi

DOĞAN KİTAP

İçindekiler

İkinci bölüm / Erken çocukluk dönemi

Üçüncü bölüm / Okul dönemi

Dördüncü bölüm / Ergenlik dönemi

Benimle birlikte 5 çocuğu bir köy evinde ayakları yere basmayan hayallerle yetiştiren sevgili annem **Yıldız Şirin**'e bir demet çiçektir bu kitap.

Teşekkür

Bu kitaptaki her satırın tek bir sorumlusu var, o da benim. Eksikler, kusurlar bana ait. Ama eğer varsa ortada bir güzellik işte onun pek çok sahibi var. İlk önce NYU Şirin Araştırma Laboratuvarı'nda yıllardır benimle birlikte çocuk ve ergen gelişimi üzerine araştırmalar yapan ekip arkadaşlarıma teşekkür borçluyum. 20 yıldan fazladır Amerika'da yaşayan biri eğer Türkiye'deki gündemi takip edebiliyorsa bunun en büyük nedeni, beni sosyal medyada her gün sorularıyla, yorumlarıyla, uyarılarıyla destekleyen binlerce arkadaşımdır. Sağ olun dostlar! Bu kitabın ortaya çıkmasındaki en büyük pay yıllar evvel NYU'da öğrenci asistanı olarak tanıştığım sevgili Orhan Murat Bahtiyar'a aittir. Orhan, başta *Hürriyet* yazılarım olmak üzere yıllarca her cümlemi bıkmadan usanmadan sabırla düzeltti. Onun emeği olmasa bu kitap da olmazdı. Sağ ol Orhan! Bu kitap diğerlerinden biraz daha zor ortaya çıktı; pek çok yazıyı ilk defa İngilizce yazmıştım, o nedenle onları çevirmek ve ardından pek çok kaynağı teyit etmek gerekiyordu. Bu zor işe sevgili Selin Yeşil talip oldu. Hem çevirileri onca işi arasında bitirdi, hem de kitabın adından sayfa düzenine her aşamada bize yoldaş oldu. Sağ ol Selin! Erken çocuk gelişimi deyince benim sahadaki öğretmenim olan kardeşim Derya Şirin bu kitapta da pek çok bölüme katkıda bulundu. Sağ ol Derya!

Kitabın ismini sevgili dostum Ateş İlyas Başsoy koydu. Duyduğum anda, "İşte bu" dedim. Konu hassas olunca kapağı seçmek de bir hayli zor oldu. Bu süreçte bize destek veren Çağrı Alıcı'ya ve imdadımıza yetişerek tasarımı yapan sevgili kardeşim Ayşe Şirin Demir'e sabırlı ve özverili çalışmalarından dolayı teşekkür ederim. Eski NYU'lu yeni anne Arzu Hancı ve henüz baba olan Onur Uysal da kitabın içeriğiyle ilgili görüş ve önerilerde bulundu. Doğan Kitap Yayın Direktörü sevgili Cem Erciyes iki yıldır ben ne zaman bu kitaptan vazgeçsem, "Hocam kitapta neredeyiz?" diyerek beni teşvik etti. Sema Çubukçu kitabın kusursuz bir şekilde okuyucuyla buluşması için yoğun bir çaba gösterdi. Kitap bu arkadaşların sayesinde elinizdeki formata dönüştü. Tek tek her birine teşekkür etmek isterim. Son olarak bu kitap yalnızca akademik çalışmalarımla değil, ailemde yaşadıklarımla da şekillendi. O nedenle başta bu kitabı ithaf ettiğim sevgili anneme, babama, kardeşlerime ve en önemlisi de ebeveynliğin inişli çıkışlı yollarını benimle birlikte yürüyen çocuklarımın annesi sevgili eşim Lauren Rogers-Sirin'e teşekkür ederim.

Önsöz yerine

Neden böyle bir kitap yazma ihtiyacı duydum?

Hayatta çocuk yetiştirmekten daha mühim başka bir uğraş varsa ben bilmiyorum. Anne babalar için bir insanı hayata en iyi şekilde hazırlamaktan daha önemli bir iş yok. Öyle olduğu için de insanlık tarihi boyunca çocukların nasıl yetiştirileceği hep dert edilmiş. Orhun Yazıtları'ndan Eflatun'un söylevlerine kadar her devirde yeni kuşakların yetiştirilmesi konu olmuş. Bu kitap, işte bu temel insanlık kaygısına ortak olmak için yazıldı.

Kitap, 0-18 yaş arası çocuk yetiştiren anne baba ve eğitimciler için kaleme alındı. Amacım, hem anne babalara hem de eğitimcilere bilimsel bir çerçeveyle somut öneriler sunmak. Çocuklarla ilk diyaloğu nasıl kurmalıyız? Çocuklarımızı ne kadar kontrol altında tutmalıyız? Çocukların zihinsel gelişimine katkıda bulunmanın bilimsel formülleri nelerdir? Okula hazırlık, okulöncesi dönemde neler yapmalıyız? Okul çağındaki çocuklarımızın yaz tatilinde öğrenme kaybını nasıl önleriz? Çocukları ekran bağımlığından nasıl kurtarabiliriz? Ergenlerle sağlıklı diyaloğun formülü nedir? Üniversite tercihi yapan gençlere nasıl destek olabiliriz? Gençleri girişimciliğe teşvik etmek için ne yapabiliriz? Bu ve benzeri onlarca soruya bilimsel veriler ışığında yanıtlar bulacaksınız bu kitapta.

1998 senesinde aldığım Parenting (Ebeveynlik) adlı doktora dersinde hazırladığım raporun başlığı aynen şuydu: "21. Yüzyıl, Anne ve Babaların Uzmanlara Daha Çok İhtiyaç Duyduğu Bir Devir Olacak!" Aradan geçen yirmi yıl beni haklı çıkardı. Kitapçı raflarından, TV programlarına, sosyal medya fenomenlerinden siyasetçilere kadar herkes anne babalara akıl veriyor. Onlara çocuklarını nasıl daha iyi yetiştirecekleri konusunda yol gösteriyor. Bunun temel nedeni, geçmişten gelen geleneksel çocuk yetiştirme tekniklerinin artık yeterli olamaması. İçinde yaşadığımız teknoloji yoğun çağ beraberinde pek çok yeni sorun getiriyor. Anne babalar da bu sorumluluğu hakkıyla yerine getirmek için eskisinden çok daha fazla uzmanların yardımına ihtiyaç duyuyor. Bu uzmanların kimi işini çok iyi yapıyor, kimi de fırsattan istifade, tüm derdi çocuğunu iyi bir şekilde yetiştirmek olan genç anne babaların iyi niyetini istismar ediyor. Açıkçası bu ikinci grup, yani bilimsellikle uzaktan yakından alakası olmayan "uzmanlar" ortalığı kaplamasaydı oturup bu kitabı yazmazdım.

Gecikmiş bir kitap bu!

Yıllardır New York Üniversitesi'nde doktora seviyesinde gelişim psikolojisi dersleri veriyorum. Okulöncesinden ergenliğe, her gelişim evresiyle ilgili onlarca bilimsel makaleye imza attım. Bu kitapta irdelediğim çocuk gelişimi meselesi benim yirmi yıllık akademik çabamdan süzülüp geliyor. O nedenle eğer Türkçe bir kitap yazacaksam ilk olarak bu kitabı yazmalıydım. Ama öyle olmadı. Bu kitap gecikerek bugüne kaldı. Bunun temel sebebi, baba olunca bu kitabı yazmaktan vazgeçmiş olmamdır.

Baba olmak, çocuk gelişimi üzerine başka ebeveynlere fikir verirken beni iki kere düşünmeye itti. Çünkü pratik teoriyi terbiye eder! Kitaplarda okuduğum ideal ebeveynlik tarifi kendi içinde oldukça tutarlıydı, ama kendi pratiğimden biliyorum ki bu ideali hayata geçirmek hiç de uzaktan göründüğü gibi kolay bir iş değil. Bu idealde ısrar etmek, başkalarına ideal ebeveynlik üzerine keskin çizgilerle akıl vermek işte bu nedenle oldukça riskli bir uğraş. "İnsan iki düşünüp bir konuşmalı" derler, ama söz konusu olan çocuk yetiştirme ise bence iki değil yirmi iki düşünüp bir konuşmalıyız. Hal böyle olunca yazmayı çok arzu ettiğim bu kitabı yazmak yirmi küsur yılımı aldı. İyi ki de böyle oldu. Bu kitapta, içime sinmeyen, kendi ebeveynlik pratiğimin süzgecinden geçmeyen hiçbir şeyi size önermedim. O nedenle içim rahat.

Kitap hangi konuları kapsıyor?

Elinizdeki kitap beş ayrı bölümden oluşuyor. İlk bölüm çocuk yetiştirmeye dair genel bir bilimsel çerçeve sunuyor, sonraki bölümler ise sırasıyla doğumdan ergenliğe uzanan dönemleri içeriyor. İnsan gelişimini incelerken gelişim evreleri kabaca erken çocukluk, çocukluk, ergenlik, genç yetişkinlik, orta yaş, ileri yaş şeklinde sınıflandırılır. Aynı dönemleri çocuk yetiştirme üzerinden incelerken ise daha ziyade okul odaklı bir sınıflandırma yapılır. Okulöncesi yıllar, okul yılları –ki bu ilkokul yıllarını kapsar– ve lise yılları. Her iki sınıflamada da 0-6 yaş ilk döneme, 6-11 yaş ikinci döneme ve 12-18 yaş üçüncü döneme denk gelir. Bu yaş aralıkları genel ortalamalardan ibaret. Kimi çocuk erken okula başlar, kimi geç. Kimi çocuk ergenliğe 10 yaşında girer, kimi ise 15 yaşında...

Kitabın ilk bölümünde ebeveynlik bilimine giriş niteliğinde olan ve her yaştan çocuğa uygun bilimsel bir çerçeve sundum. Çocuk gelişimi derken neyi kastediyoruz, ebeveynlik tarzı nedir, nerede fark yaratabiliriz, nerede gücümüzün sınırlarını kabul etmeliyiz, gibi genel sorular üzerinde durdum. Sonraki üç bölümü ise çocukların yaşına göre değişkenlik arz eden konulara ayırdım. Eğer çocuğunuz 0-6 yaş arasında ise ikinci bölümü, ilkokul çağındaysa üçüncü bölümü, ergenlik çağında ise dördüncü bölümü biraz daha dikkatli okumanızı öneririm. Kitabın son bölümünü ise farklı nedenlerle toplumda sorunları göz ardı edilen çocuklara ayırdım. Yoksul çocukları, işsiz gençleri ya da ülkemizde yaşayan mülteci çocukları dert etmek de kendi çocuklarımızın geleceği için şart çünkü.

Eğitimci dostlardan bir beklentim var!

Bu kitabı sadece ebeveynler için değil, aynı zamanda eğitimci meslektaşlarım için de yazdım. Hatta daha çok onlar için yazdım. Bu kitap asıl ulaşması gereken ebeveynlere ancak siz eğitimci meslektaşlarım aracılığıyla ulaşacak! Çünkü bu kitabın en çok ulaşmasını istediğim kesim kitap okuma alışkanlığı az olan ebeveynler. O nedenle daha çok çocuğun geleceğine bir etkim olacaksa bu ancak siz eğitimci meslektaşlarımın sayesinde olacak. Amacım, çocuklarımızın hem evde anne ve babaları tarafından, hem de okulda öğretmen ve yöneticileri tarafından, en son bilimsel verilerin ışığında yetiştirilmesi, desteklenmesi.

İyi okumalar dostlar.

New York, 2 Mart 2019

Birinci bölüm

Çocuk yetiştirmenin ABECE'si

Ebeveynlik krizi!

Anne babalık, bilmediğiniz bir memlekette yol bulmaktır. Bir insanı dünyaya getirmek, onu dünyaya hazırlamak muazzam bir sorumluluktur. Durum böyle olunca da tarih boyunca çocuk yetiştirme sorumluluğu sadece anne babaya değil, dedeye, neneye de verilmiştir. Hatta bir Afrika atasözünün çok güzel özetlediği gibi "Bir çocuğu yetiştirmek için bir köy gerekir!" Bu atasözünü benim gibi köy çocukları çok iyi bilir. Eskiden herkesin birbirini bildiği, kolladığı mahallelerde yetişenler de bilir. Eğer çocuğunuzu böyle bir ortamda yetiştiriyorsanız, yani tek başınıza değil annenizle, babanızla, amca, teyze, halalarınızla birlikte yetiştiriyorsanız bence sizin bu kitaba pek ihtiyacınız yok. Eğer bütün bir "köy" çocuğunuzun iyiliği için seferber olmuşsa, zaten bu ortak akıl size gerekli bütün yolları gösterecektir. Ama eğer çocuğunuzu eski kuşaklar gibi koca bir aileyle ortaklaşa yetiştirmiyorsanız, sorumluluk sadece sizin üzerinizdeyse işte o zaman sizinle paylaşmak istediğim şeyler var.

Gelin önce yakın tarihte bir yolculuğa çıkalım. Ebeveynlik kavramının geçirdiği hızlı değişimi gözlemleyelim. 1960'ların ikinci yarısından 1990'lara kadar uzanan X ve Y kuşaklarının ebeveynlik süreci daha önceki kuşaklardan ciddi olarak ayrılıyor. Bunun temel sebebi, yukarıda sözünü ettiğim ebeveynlik sorumluluğunun geniş aileden bireye geçmiş olması. Ülke nüfusunun yüzde 75'inin köylerde yaşadığı 1960'lardan ülke nüfusunun yüzde 75'inin kentlerde yaşadığı bir Türkiye'ye geldik. Böyle olunca da özellikle çocuk yetiştirme gibi tamamen kültürel kodlar tarafından belirlenen bir "beceri" göçle birlikte hızla eskidi ve geçerliliğini yitirdi. Kırsal kesimde, köylerde kasabalarda yüzlerce yıl uygulanan çocuk yetiştirme pratikleri kent yaşamına uyarlanamadı. Uyarlanmış olan pratikler de değişen teknolojinin yok edici çarpanıyla işlevsiz hale geldi. Benim ebeveynlik krizi dediğim durum da işte bu sosyolojik değişimin sonucu olarak ortaya çıktı.

Dilerseniz kendimden bir örnekle açıklayayım. Aynı coğrafyada aynı kültürü paylaşan dedemle nenem ergenliklerinin baharında evlendikten sonra ömürlerinin tamamını doğdukları yerde geçirdiler. Değişimin değil, durağanlığın kural olduğu bir zamanda yaşayıp dedelerinden, nenelerinden gördükleri gibi yetiştirdiler çocuklarını. Büyük oranda kendi ana babalarından ne gördülerse onu uygulamak sorunlarının büyük bir kısmını çözüyordu zaten. Kuşaklar boyu sınanmış bir kurallar silsilesiyle onları topluma kazandırmanın huzurunu yaşadılar. Ebeveynlik onların şahsi kararlarına bırakılmayacak kadar kamusaldı o kuşaklar için. Çocuğun anne ve babası kadar, diğer aile büyükleri de çocukların gelişim sürecinde söz sahibiydi.

Özetle, dedemle nenemin zamanında, yani çok değil bundan yarım asır evvel, Türkiye nüfusunun yüzde 75'inin köylerde, kalanının da yüzyıllardır aynı şehirlerde yaşadığı dönemde ebeveynler kuşaktan kuşağa aktarılan kurallara uymanın rahatlığıyla yetiştirdiler çocuklarını. Dedemle nenemin yaşamında da değişim vardı elbette, onlar da zaman zaman kendi koydukları kurallarla yetiştirdi çocuklarını, ama onlar için çocuk yetiştirmenin temel kuralı geleneğin kodlarında saklıydı. Gelenek, değişime direnebiliyordu. Ama artık bu denklem bozuldu. Bugün Türkiye'nin çoğunluğu kentlerde yaşıyor. Ne köyler köy olarak kaldı ne de kentlerde eski mahalle kültüründen izler. Bütün bu demografik değişime teknolojik dönüşüm de eklenince gelenek değişime yenik düştü.

İçinde yaşadığımız bu devirde artık çocuk yetiştirmek, tek başına anne ve babanın uhdesinde olan bir uğraş. Bu kitabı okuyan anne babalar tarihin en hızlı teknolojik dönüşümlerinden birine tanık oldular. Hepimiz artık şunu çok iyi biliyoruz, çocuklarımız bizim hiç bilmediğimiz bir dünyada yaşayacak. Bu kadar hızlı değişim, bu kadar çok bilinmez ve gelenekten bu kadar hızlı kopma olunca ister istemez ortaya ciddi bir sorun çıkıyor. Ben bu soruna "ebeveynlik krizi" diyorum. Ortada çok ciddi bir ihtiyaç var, çocukların iyi bir şekilde yetiştirilmesi gerekiyor. Ancak elimizdeki kaynaklar bu ihtiyacı karşılamaktan uzak.

Her ihtiyaç hayatta bir karşılık bulur. Bizim yaşadığımız ebeveynlik krizini aşmak için de her toplum kendi içinde çözümler üretiyor. Modern toplumlarda bu ihtiyacı daha ziyade uzmanlar, yani psikologlar, sosyal hizmet uzmanları, pediatrik doktorlar ve tabii ki öğretmenler karşılıyorlar. Bizim şu an yaşadığımıza benzer bir ebeveynlik krizini Amerika 20. yüzyılın başlarında yaşadı. Hatta konuyu ele alan Dr. Spock, yazdığı çocuk yetiştirme kitaplarıyla koca bir kuşak üzerinde etkili oldu. Televizyonun hayatımıza girmesiyle Dr. Phil, Dr. Öz ve tabii ki Oprah da uzunca bir süre çocuk yetiştirme konusunda anne babalara kılavuzluk hizmeti sundu.

Türkiye'de durum biraz farklı, zira gelişmiş ülkelerin bir iki yüzyılda yaşadığı tarım toplumundan sanayi sonrası toplumuna geçiş sürecini biz bir iki kuşakta tamamlamak zorunda kaldık. Öyle olunca da ebeveynlik krizi bizde biraz daha derin bir şekilde hissediliyor. Bunun bir başka sebebi de bizde çocuk yetiştirmeye dair uzmanlığın maalesef oldukça sınırlı olması. Var olan bilimsel verilerin de önemli bir kısmı Batı merkezli bilimsel dergiler için yazılıyor ve gündelik hayatta yukarıda sözünü ettiğim köyden kente geçişin sancılarını yansıtmıyor. Elbette sevgili Hocam Çiğdem Kağıtçıbaşı bu alanda yaptığı çalışmalarla bir istisna. Elbette bu kitapta adlarını duyacağınız pek çok başka meslektaşım da elinden geleni yapıyor ama bütün bunlar 80 milyonluk dinamik bir ülkenin ihtiyacını karşılayacak boyutta değil. O nedenle ebeveynlik kriziyle ortaya çıkan boşluğu son yıllarda genç ebeveynlerin kendileri doldurmaya başladı. Sosyal medyanın da etkisiyle başta anneler olmak üzere pek çok genç ebeveyn, kendi deneyimlerinden yola çıkarak başka anne babalara tavsiyelerde bulunmaya, yol göstermeye başladı.

Bugün geldiğimiz noktada ortada bir kriz olduğu kesin. Çocuk yetiştirmeye dair bilmediğimiz pek çok soru var. Her soruya verilen birbiriyle çelişkili pek çok cevap var. Bütün bunların ebeveynleri, özellikle de genç ebeveynleri strese sokması çok doğal. Benim bu kitabı yazmaktaki amacım, bu stresle başa çıkmak isteyen anne babalara yardımcı olmak. Bunu da iki aşamada yapmak istiyorum. İlk olarak bu kitapta tereddüt yaşayan, attığı adımdan şüphe eden, çocuğu için en iyisini arayan her bir anne ve babaya, "Rahat ol kardeşim!" diyerek yol arkadaşı olmak istiyorum. Bin yıllardır insanlığın yaptığı bir şeyi yapıyoruz; uzaylı değil, çocuk yetiştiriyoruz. Attığın her bir adımın, verdiğin her bir kararın geri dönüşü var. Rahat ol... Ebeveynlik bir süreç meselesi. Mükemmel ebeveynlik diye bir şey yok... Gereğinden çok kafaya takıp, gereğinden çok kurcalayıp kendini de çocuğunu da yorma! İkinci olarak bir reçete arayışından vazgeç. Her çocuğa uyan tek bir çocuk yetiştirme reçetesi yok. Çocuğun mizacına, yaşanılan kültüre, sosyal çevreye, zamana göre değişen doğrular var. Bu kitapta o doğruların izinden gideceğiz.

Her gün çocuklarımıza dair irili ufaklı onlarca karar veriyoruz. Kimi doğrudan onları ilgilendiriyor: Saat kaçta uykuya gidecekler, sabah kahvaltıda ne yiyecekler gibi. Kimi kararlar da dolaylı olarak onları etkiliyor: Hangi muhitte oturacağız, hangi işe devam edeceğiz, tatili nerede yapacağız? Bütün bu kararları alırken bazen zorlanmak hayatın doğasında var. Karar vermek demek zihinsel bir enerji harcamak, seçenekleri gözden geçirmek, belli bir sorumluluk almak demek. Öyle olduğu için de bu kararları alırken ne kadar zorlanırsak o kadar stres yaşıyoruz. Bu stresi azaltmanın en kestirme yolu, bu kararları bizim adımıza birilerinin alması. İşte çocuk yetiştirmede reçete arayışı bu kolaycılıktan çıkıyor. Madem bu kadar çok karmaşık süreç var, o halde birileri çıksın bizim elimize hangi kararı nasıl alacağımızın reçetesini versin; biz de o reçetede yazanlara harfiyen uyup çocuğumuzu sağlıklı, mutlu ve başarılı bir birey yapalım. Peki, bu mümkün mü?

Anne baba olarak hepimizin isteği aynı: Çocuklarımızı sağlıklı, mutlu ve başarılı bir birey olarak hayata hazırlamak... Öyle olunca da her gün sosyal medyada, televizyonda, gazetelerde pek çok "uzman" bize reçete satıyor. Şöyle şöyle yaparsanız çocuğunuz böyle olur! Aman şunu yapmayın, çünkü yaparsanız çocuğunuzun başına şu gelir! Mutlaka şunu yapın, çünkü bunu yaparsanız çocuğunuz başarılı olur! Bütün bu reçetelerin ıskaladığı bir gerçek var: Bu reçeteler her çocuk için her koşulda geçerli değil. Bir çocuk için geçerli olan bir yöntem, başka bir çocukta hiç işe yaramayabilir. Bir ortamda işe yarayan bir öneri, başka bir ortamda hiçbir işe yaramayabilir. Bir dönem işe yarayan bir şey başka bir dönem hiçbir işe yaramayabilir. Birden çok çocuk yetiştiren anne babalarla ya da tecrübeli eğitimcilerle konuştuğunuzda size hemen söyleyecekleri bu basit gerçeği maalesef özellikle genç anne babalar hep unutuyor. O nedenle benim özellikle genç anne babalara önerim, ne zaman çocuk yetiştirmeye yönelik bir reçete geçse elinize şu iki soruyu sorun: "Hangi çocuk için?" ve "Hangi koşullar için?"

Reçete yok ama...

Haklı olarak diyeceksiniz ki "Hocam, reçete yok anladık ama çocuk gelişimine dair yapılan bunca bilimsel çalışmadan yola çıkarak ebeveynlere bir pusula bile sunamaz mıyız? Çocuk yetiştirirken nelere özen göstermeliyiz?" Birkaç yıl önce ABD Bilimler Akademisi tam da bu sorulara yanıt vermem için beni bir komisyona davet etti. Akademi, Albert Einstein'ın da üyesi olduğu, bilim alanında otorite sayılan raporlara imza atan oldukça seçkin bir bilimsel kurum. Amacı, var olan son bilimsel veriler ışığında otorite sayılan raporlar hazırlamak. Aralarında benim de yer aldığım Harvard, Stanford ve NYU gibi seçkin üniversitelerden 18 kişilik uzman heyet tarafından iki yıllık bir çalışma sonucu ortaya çıkan "Parenting Matters" isimli bu raporu ücretsiz olarak internetten indirebilirsiniz. O raporu yazınca fark ettim ki evet çocuk yetiştirmenin bir reçetesi yok ama elimizdeki bilimsel verilerden yola çıkarak kabaca da olsa bir kılavuz yazmak mümkün. *Yetişin Çocuklar* kitabı bu arayışın bir sonucu olarak ortaya çıktı.

Bebeklikten ergenliğe gelişim

Çocuk yetiştirmenin detaylarına girmeden önce çocuk gelişimine dair genel bir bilimsel çerçeve çizmek istiyorum. Çocuk yetiştirme dediğimizde aslında birbirini destekleyen üç farklı gelişim alanında çocuklarımıza destek olmaktan bahsediyoruz: Fiziksel gelişim, zihinsel (ya da bilişsel) gelişim ve sosyal-duygusal gelişim. Çocuk yetiştirme, biz yetişkinlerin tutum, eylem ve inançlarının tamamını kapsıyor. Anne baba ya da eğitimci olarak bu üç alanda çocuklarımızın sağlıklı, başarılı ve mutlu birer birey olması için çaba harcıyoruz. Şimdi gelin bu alanları tek tek gözden geçirelim.

"Fiziki gelişim" adı üstünde çocuğun fiziksel olarak sağlıklı bir şekilde doğum öncesinden başlayarak gelişimini kapsıyor. Genetik etkenler burada ciddi bir rol oynuyor, ama çevresel faktörler de belirleyici. Çevrenin etkisi doğum öncesi dönemde annenin huzuru ve sağlığından başlıyor. Doğumla birlikte beslenme alışkanlıklarının etkisinin yanına çocuğun ihtiyaç halinde sağlık hizmetlerine ulaşma durumu da onun fiziksel gelişimini etkiliyor. Özellikle çocukların fiziksel gelişim sürecinde olası gecikmelerin zamanında fark edilerek uzman müdahalesinin yapılması önemli. Bu anlamda okulöncesi dönemde düzenli doktor ziyareti ve aşı takviminin takip edilmesi ve aynı şekilde ergenliğe geçiş döneminde çocukların doğru yönlendirilmesi bu alanda ebeveynlere düşen en önemli görevler. Ayrıca fiziksel gelişim bakımından son yıllarda en çok gündeme gelen konuların başında obezite yer alıyor. Bu yüzden anne babalara ve eğitimcilere sağlıklı beslenme alışkanlıklarının erken yaşta kazanılması ve aynı şekilde düzenli fiziksel aktivite için fırsatlar verilmesi ve teşvikler yapılması kritik bir öneme sahip.

Zihinsel gelişim ya da daha akademik şekilde söylersem bilişsel *(cognitive)* gelişim, hem beyin gelişimini hem de bilişsel, yani algı ve bilgi işlem becerilerini kapsıyor. Okula hazırlıktan akademik başarıya ve oradan yetişkin yaşamında ekonomik ve sosyal konuma kadar pek çok alanda derin sonuçları olan bir gelişim kategorisinden söz ediyorum. Pek çok gelişim alanı gibi zihinsel gelişimin kritik evresi de "okulöncesi dönem" yani kabaca 0-6 yaş arası dönemdir. Hatta yan sayfadaki grafikte de göreceğiniz gibi beyin gelişiminin yüzde 90'ı ilk üç yılda tamamlanıyor. Başka hiçbir gelişim döneminde bu dönemde olduğu kadar hayati öneme sahip zihinsel gelişim gerçekleşmiyor. Son yıllarda bilimsel araştırma tekniklerindeki ilerlemeler sayesinde öğreniyoruz ki bizim sonraki yıllarda fark ettiğimiz pek çok zihinsel beceri bu ilk yıllarda ortaya çıkıyor. Zihinsel gelişimi önemli kılan sebeplerin başında elbette okulda başarı geliyor. Zira okulöncesi dönemde zihinsel gelişimi doğru bir şekilde desteklenmiş bir çocuk okula daha hazır geliyor. Okula daha hazır gelen çocuk eğitim hayatını başarıyla yürütüyor ve modern dünyada yetişkinler için açılan pek çok fırsata ulaşma hakkı kazanıyor.

Fiziksel gelişimden söz ederken çevresel etkenlerin varlığının altını çizip vurguyu genetik ve biyolojik faktörlere yapmıştım. Zihinsel gelişim için tersini söylemek daha doğru olacak. Genetik faktörler elbette var ve önemli, ama bir nevi başlangıç mayası görevi görüyor. Potansiyel olmadan gelişim sekteye uğrayabiliyor, ama asıl önemli olan o potansiyelin nasıl değerlendirildiği ki bu da tamamen çevresel faktörlere bağlı. Çevre mi yoksa genetik mi tartışmasına bir sonraki bölümde, Bill Gates ve benzeri dâhilerin (!) hikâyesi üzerinden tekrar döneceğim için burada bu konuya girmiyorum. Ancak şu kadarı önemli: Eğer çocuğunuzun zihinsel potansiyeline ilk yıllarda gereken yatırımı yapmazsanız, sonraki yıllarda bunun telafisi çok zor oluyor. Bu dönemde, ebeveynlerin ne yapıp ettiği insani gelişim için çok önemli sonuçlar ortaya çıkarıyor. İşte bütün bu nedenlerle bizlerin çocuklarımıza bu alanda nasıl katkıda bulunacağımız sorusunu kitabın bir sonraki bölümünde ayrıntılı olarak ele alacağız.

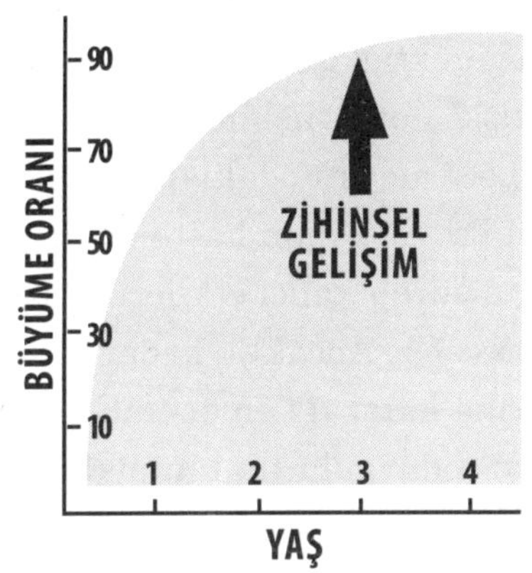

Çocuk gelişiminin üçüncü boyutu duygusal ve sosyal gelişim. Bu alan çocukların sağlıklı bir şekilde önce en yakınındaki anne ve babaya bağlanmasını, sonra çevreleriyle yetkin bir şekilde iletişim kurma becerilerini kapsıyor. Diğer alanlarda olduğu gibi doğumla başlayan duygusal gelişim, okul yılları ve ergenlik döneminde sosyal gelişimin de altyapısını oluşturuyor. Son yıllarda yapılan araştırmalar, duygusal gelişimin de kritik bir dönemi olduğunu, ilk yıllarda annesiyle ya da bir başka yakınıyla güvene dayalı bir bağ kuramamış olan çocukların ileriki yıllarda bu ihtiyacı çok zor kapattığını gösteriyor.

Araştırmaların biraz da bizi şaşırtan bir başka sonucu daha var: Duygusal gelişim zihinsel gelişimin de anahtarı. Duygu yönetimi *(emotion regulation)* ve yönetsel fonksiyonlar *(executive function)* diye birbirine bağlı iki yeni kavramı önümüzdeki dönemde çok daha fazla duyacağız. Bu kavramların ilki duyguların doğru bir şekilde düzenlenmesini, ikincisi de zihinsel fonksiyonları ustalıkla kullanmayı ifade ediyor. Bu çığır açan araştırmalardan öğreniyoruz ki duygularını kontrol etme becerisi gelişmemiş çocuklar zihinsel potansiyellerini açığa çıkarmakta çok güçlük çekiyorlar. Bir başka ifadeyle, örneğin, hayal kırıklığını bastıramayan, öfkesini kontrol edemeyen çocuk, duygularını gerektiği gibi düzenleyemediği zaman hem arkadaşları ve yetişkinlerle ilişkilerinde sorun yaşıyor, hem de kendi zihinsel becerilerini odaklanması gereken noktaya odaklayamıyor. Bu iki kavramın başta okula hazırlık seviyesi olmak üzere uzun süreli kalıcı etkileri olduğunu ileriki bölümlerde tekrar göreceğiz. Ancak şu kadarını söyleyeyim: Ebeveynlerin çocuklarına katacağı en önemli erken kazanımlardan biri, çocuklarının duygularını tanımaları ve bu duyguları daha etkin bir şekilde düzenlemelerini sağlamak olacaktır.

Yukarıdaki üç gelişim alanını her ne kadar ben burada ayrı ayrı anlattıysam da bu üç alan birbiriyle oldukça girift bir ilişkiye sahip. Bir alanda olan başka bir alanı doğrudan ve dolaylı olarak etkiliyor. Fiziksel gelişiminde sıkıntılar yaşayan çocuk, bunu duygularına ve sosyal ilişkilerine yansıtıyor ve süreç ister istemez zihinsel becerilerin etkin bir şekilde kullanmasına engel oluyor. Aynı şekilde duygusal ve sosyal anlamda sıkıntılar yaşayan çocuk, gelişimin kritik olduğu geçiş dönemlerinde fiziksel etkinliklerden uzak kalabiliyor ya da sağlıklı beslenme alışkanlığı kazanmakta sıkıntı çekebiliyor ve elbette bütün bu süreçler çocuğun odaklanma sorunu yaşamasına, örneğin okulda uyum sıkıntısı çekmesine sebep olabiliyor. Dolayısıyla, biz yetişkinlere düşen görev, bu alanların her birini ayrı ayrı önemsemek. "Ben çocuğun okulda başarısına bakarım; sosyal gelişim, duygusal gelişim ikinci planda" derseniz, kısa vadede olmazsa da uzun vadede bunun faturası muhakkak çıkıyor.

Çocuk gelişimini anlamak için kuramsal çerçeve

Çocuk gelişimine dair pek çok kuramsal yaklaşım var. Bu yaklaşımların pek çoğu gelişimi açıklamaya çalışıyor. Mesela, Jean Piaget ilk önce kendi çocukları üzerinde yaptığı deneylerle zihinsel gelişim süreçlerini muazzam bir şekilde ortaya koyar ve bilişsel gelişim evrelerini tarif eder. Sigmund Freud ise duygusal gelişim süreçlerini benzer bir şekilde çocukluktan itibaren adım adım açıklar. Öte yandan Lev Semenovich Vygotzky, Orta Asya bozkırlarında yaptığı çalışmalarla öğrenme sürecini açıklamakta son derece etkili olan desteğe dayalı öğrenme kuramını ortaya koyar. Bu kitabın amacı, anne baba ve eğitimcilerin işine yarayabilecek pratik bir kuramsal çerçeve çizmek olduğu için ben bu kuramların detayına girmeyeceğim. O nedenle size bu kuramlardan farklı olarak, kendisi bir kuram olmayan, öyle olmadığı için de çocuk gelişimini "açıklamak" değil "betimlemek" iddiasında bulunan önemli bir kavramsal çerçeve sunacağım.

Bronfenbrenner'in Ekolojik Gelişim Modeli

Muhakkak başka yerlerde de görmüş olabileceğiniz, benim derslerimde öğrencilerime "fakirin teorisi" diye betimlediğim, her derde deva olan bu kuramsal çerçeve eminim sizin de çocuklarınızın gelişimini anlamanıza yardımcı olacaktır. Urie Bronfenbrenner'in Ekolojik Modeli'nden söz ediyorum. Bronfenbrenner'in modeli muhtemelen çocuk gelişiminde en çok atıf yapılan çerçevedir. Çünkü bu modelin amacı, gelişimi ortaya çıkaran tüm süreçleri görmek. Yani bu bir şeyi açıklamayı hedefleyen bir teori değil. Amaç, gelişim sürecini tarif etmek, betimlemek.

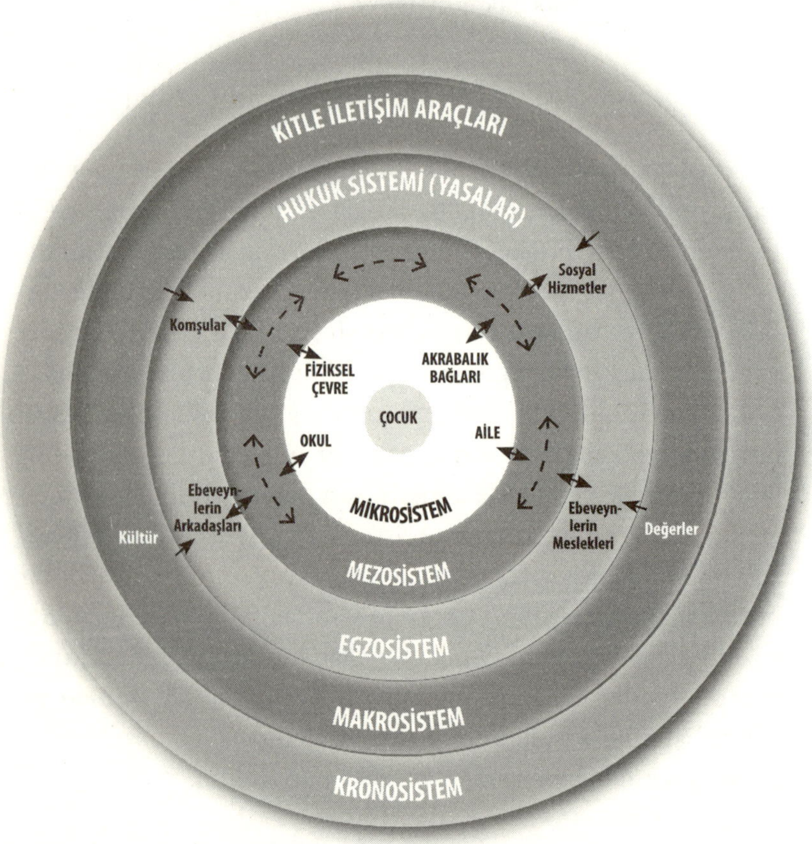

Yukarıda paylaştığım figürdeki, Bronfenbrenner'in modeline göre, çocuk gelişimini anlamak için pek çok çevresel bağlama tek tek ve birbirleriyle ilişkisini dikkate alarak bakmamız gerekiyor. Aile, bu çevresel faktörlerden sadece bir tanesi. Muhakkak en önemli çevresel faktör, ama pek çok başka faktör de gelişim sürecine müdahale edebiliyor. Çocuğun gittiği okul, yaşadığı muhit, sosyal çevre dediğimiz eş dost akraba çevresi her biri kendi başına bir etken. Bunun ötesinde okul-aile-iş ortamı arasındaki mezosistem dediğimiz ilişkiler ağı çocuğun gelişimini bağımsız olarak etkiliyor.

Aynı şekilde yaşadığınız ülkenin idare biçimi, eğitim başta olmak üzere çocukların ve ailelerin hayatını düzenleyen yasalar ve tabii ki adil rekabete ve özgürlüğe verilen önem bir sonraki makro düzeyde kültürel iklim dediğimiz faktörler de çocuğumuzun gelişimine ayrı ayrı etkide bulunuyor. Ve bütün bu ekolojik faktörlere ek olarak yaşadığımız çağın gerçeği olan internet ve diğer global trendler, ileriki bölümlerde üstünde duracağımız ekrana dayalı dijital oyun sektörü çocuğumuzun kimliğinin oluşmasında hiç de yabana atılmayacak bir etkiye sahip.

Bronfenbrenner'in modelini dikkatlice incelediğinizde göreceksiniz ki çocuk gelişimi ailelerin tekelinde olan bir süreç değil. Pek çok faktör devreye giriyor. İşte bütün bu nedenlerle ebeveynlerin çocukları üzerindeki tasarruflarını değerlendirirken biraz alçakgönüllü olmalarında, biraz da kendilerini acımasızca eleştirmekten vazgeçmelerinde fayda var. Etkimiz elbette var, yok demiyorum, ama tahmin ettiğimiz kadar büyük bir etkimiz yok. Ol sebep, rahat olun diyorum. Elinizden gelenin en iyisini yapın ama ötesini dert ederek çocuğunuzun da, kendinizin de huzurunu kaçırmayın.

Temel gelişim sorusu: Doğuştan mı, sonradan mı?

Çocuk gelişimine dair üç temel soru var: Doğuştan mı yoksa çevreden mi (*nature* vs. *nurture*?) Gelişim süreklilik arz eden bir süreç midir, yoksa kademe kademe devam eden bir ilerleme midir? İnsanlar dünyanın her yanında aynı şekilde mi gelişir, yoksa insan doğası ve gelişimi kültürden kültüre farklılık arz eder mi? Bu soruların her biri önemli ama gerek anne babalar gerek eğitimciler için en önemli soru birincisi.

Aklınıza gelen herhangi bir özelliği alın ve şu soruyu kendinize sorun: Doğuştan mı geliyor, sonradan çevreden mi kazanılıyor? Ne kadarı doğuştan geliyor, ne kadarı sonradan kazanılıyor? Bu çocuk çok zeki, şu çocuk iyi bir atlet, dediğiniz zaman bu performansı doğuştan gelen faktörlerle mi açıklıyorsunuz, yoksa sonradan edinilen kazanımlarla mı? Fikir diyorum ama inançtan söz ediyorum. Neye inanıyorsunuz? Size göre başta zekâ olmak üzere çocukların temel becerileri doğuştan sabit midir, yoksa bu beceriler sonradan gelişip değişebilir mi?

Bilimsel adıyla *nature vs. nurture*, yani doğuştan mı sonradan mı sorusu aslında sistematik olarak da yanıt vermesi zor bir soru. Bunun temel sebebi şu: Doğuştan gelen genetik faktörler ile çevreden gelen ekolojik faktörleri birbirinden kesin çizgilerle ayırmak neredeyse imkânsız! Doğuştan dediğimiz pek çok özellik de daha çocuk doğmadan evvel annenin diyetinden stres seviyesine kadar "çevresel" faktörlerin etkisinde kalıyor. Eğer anne alkol ya da sigara içiyorsa hamilelik döneminde, bu durumun doğacak çocuk üzerindeki etkisi çevresel midir yoksa genetik midir? Aynı şekilde çevresel kirliliğin yoğun olduğu muhitlerde doğan çocuklarda başta astım olmak üzere pek çok gelişimsel hastalık gözlemleniyor, bu durumu çevreye mi yoksa genetiğe mi fatura etmek gerekir?

Tabii diyeceksiniz ki, "Hocam bu bilimsel tartışmanın bize ne faydası var?" Anlatayım. Stanford Üniversitesi Psikoloji Bölümü'nden meslektaşım Carol Dweck'in uzun yıllara dayanan deneysel çalışmaları gösteriyor ki insanların bu tartışmaya verdiği yanıt onların çocuk yetiştirme biçimlerini de etkiliyor. Özetle Dweck ve arkadaşlarına göre insanlar temel yeteneklerin ya "sabit ve değişmez" *(fixed mindset)* yani doğuştan olduğuna ya da "değişebilir ve gelişebilir" *(growth mindset)* yani sonradan dönüştürülebilir olduğuna inanıyor. Bu iki farklı düşünce tarzından hangisine sahip olduğunuz yetiştirdiğiniz çocuğa nasıl yaklaştığınızı tahmin edemeyeceğiniz boyutta etkiliyor.

Dweck ve bir kısmıyla aynı bölümde çalıştığım Joshua Aronson gibi araştırmacıların yaptıkları yüzlerce deneysel çalışmayla öğreniyoruz ki zekâ ve yetenekler konusunda sahip olduğumuz düşünce kalıbı, bizim hayattaki performansımızı ciddi oranda etkiliyor. Eğer zekâ ve yeteneklerin doğuştan sabit ve değişmez olduğuna inanıyorsanız, çaba ve emeğe önem vermiyorsunuz demektir. Bu durumda başarısızlığı kabul ediyor, yeni hedefler koymayı, bir sonraki aşamaya ulaşmayı denemiyorsunuz. Yani çocuk bir kere denedi ve başaramadıysa, vurguyu çocuğun sabit yeteneğine yapıyorsunuz. Bu çocuk doğuştan bu işlere yatkın değil, diyorsunuz. Bu çocuk beceriksiz, diyorsunuz. Vurguyu çocuğun değiştirilemez özelliğine yapıyorsunuz.

Öte yandan eğer zekâ ve yeteneklerin geliştiğine, değiştiğine inanıyorsanız başarmak için çaba ve emeğe önem veriyorsunuz demektir. Bu durumda kişilik özelliklerine, değiştirilemez faktörlere değil, performansa odaklanıyor, çocuğun harcadığı emeğe vurgu yapıyorsunuz. Hayatta başarı ve başarısızlığı doğal bir son durak olarak görmüyor; emekle, çalışmakla ortaya çıkan sürecin bir parçası olarak görüyorsunuz. Örneğin, bir başarı söz konusu olduğunda çocuğunuza "Sen zaten zekisin" demek yerine, "Çok çalıştın ve başardın" diyorsunuz. Yapılan sayısız çalışma, yetenekler konusunda sabit fikre inananların hayatta başarılı olmak için koşulları zorlamadığını, ilk başarısızlıkta havluyu attığını gösteriyor. Yine aynı şekilde hayatta başarının istemekle, çalışmakla geldiğine inanan insanların başarısızlıkları bir basamak gibi kullanıp daha iyi bir performansın aracı yaptığını biliyoruz.

Bu konuda klasik örnek çok. Örneğin, Michael Jordan'ın lisede sıradan bir basketbol takımına bile seçilemeyip sonra aylarca sabahın köründe kalkıp idman yaparak geldiği yeri hepimiz biliyoruz. Aynı şekilde pek çoğumuzun dâhi olarak gördüğü kişilerin aslında geceli gündüzlü bir hedefe odaklanan çok çalışkan kişiler olduğunu da biliyoruz. Bu örneklere daha sonra devam edeceğim için şimdilik ara veriyorum.

Şimdi gelelim meselenin çocuklarımızı ilgilendiren kısmına... Bizim yukarıdaki soruya nasıl yanıt verdiğimiz yetiştirdiğimiz çocukları da etkiliyor. Anne babaların evde, eğitimcilerin okulda sabit fikirli mi yoksa esnek fikirli mi olduğu, bu iki zihniyetten hangisine yakın oldukları çocukların hayatına nasıl dokunduklarını belirliyor. Eğer ilk gruba giriyorsanız hem kendinize hem çocuklarınıza yapacağınız en büyük yatırım, bu konudaki önyargılarınızı gözden geçirmek olacak. Dweck'in çalışmalarından biliyoruz ki ilk gruptan ikinci gruba geçmek mümkün. Yani, bir insanın sabit fikirlilerin safından çıkıp gelişime inananların arasına girmesi mümkün.

Anne babalar için çocuk yetiştirme, adı üstünde gelişim odaklı bir uğraş. Aynı şekilde eğitimciler için de eğitim tamamen öğrenme ve gelişme üzerine kurulu. Her iki alanda da başarılı olmanın formülü, karşınızdaki çocukların değişebileceğine ve gelişebileceklerine inanmakla başlıyor. O nedenle bizlerin çocuklarımıza yapacağımız en kıymetli katkı bu dönüşümü yapmak, onların değişebileceğine, gelişebileceğine inanmak. Eğer izlemediyseniz şimdi bu kitabı bırakın ve Dweck'in Türkçeye de çevrilmiş olan "Gelişebileceğinize İnanmanın Gücü" isimli 10 dakikalık TED konuşmasını mutlaka izleyin. Kendisinin çalışmalarını ve bizde de bir kısmı çıkmış olan kitaplarını eğitimci arkadaşlar için ayrıca tavsiye ederim. Özellikle öğretmenler için pratik pek çok yaratıcı teknik sunuyor.

Çocuk yetiştirirken dikkate almanız gereken 5 nokta

Reçete yok ama kabaca da olsa her anne babanın kendisi için bir kılavuz yazması mümkün, demiştim. Bu çağda, sağlıklı, mutlu ve başarılı çocuk yetiştirmek için benim size önereceğim beş temel prensip var. Önem sırasına koymadan anlatmak istiyorum.

1. Çocuğunuzun mizacını iyi tanıyın!

Kulağa çok hoş gelmese de çocuk yetiştirmenin reçetesi olamaz. Bunun çok basit bir nedeni var: Mizaç! Mizaç *(temperament)* kavramını doğuştan gelen duygusal, hareketlilik ve özdenetim gibi alanlardaki kişiler arası farklar olarak tarif edebiliriz. Bebekler daha doğdukları günden itibaren etraftaki yetişkinler onlara çeşitli karakteristik özellikler yüklerler. Bunların bir kısmı doğuştan çocuğun getirdiği özelliklerdir, bir kısmı da etraftan bizlerin yaptığı benzetmelerden oluşur. Zamanla bu ikisinin karışması pek muhtemel olduğu için de mizaç tamamen biyolojiktir diyemiyoruz. Her doğuştan özellik gibi mizaç da çevresel faktörlerle şekillenir, törpülenir ve zamanla değişime uğrar.

Mizaç kavramına bu kitapta epey değineceğim için biraz daha açmak istiyorum. Mizaç, en eski psikolojik kavramlardan biri. Eski Yunan ve Roma dönemi doktorlarının insan fizyolojisinin kişiliği belirlediğine dair inancıyla ilk kez ortaya çıkıyor. Ancak bu kavramın modern çocuk gelişim literatürüne girmesi 1950'lerde Thomas ve Chess'in yürüttüğü klasik bir çalışma olan New York Longitudinal Study ile oluyor. Benim doktora hocalarımdan Lerner'in de katıldığı bu kapsamlı çalışma, çocuk doktoruna gelen bebeklerin mizaç özelliklerinin kaydedilmesiyle başlıyor. Çocuk doktorlarının gözlemlerine göre bebekler mizaçlarına göre kabaca üç ayrı gruba ayrılıyorlar: Kolay, zor ve ısınması zaman alan bebekler. Orijinal araştırmada çocukların yüzde 40'ı kolay, yüzde 10'u zor ve yüzde 15'i de ısınması zaman alan bebek olarak kaydediliyor. Geriye kalan yaklaşık yüzde 35'lik dilim ise bu üç kategoriden hiçbirine girmiyor. Kolay bebekler hem daha düzenli bir uyku ve yemek rutinine sahip, hem de yeni tecrübelere daha açıkken zor bebekler kolay rahatsızlanan, biraz daha çok ağlayan ve uyku ve yemek düzenine daha zor geçen bebekler. Yavaş ısınan bebekler ise hem daha düşük enerjiye sahip hem de yeni ortamlara girmekte daha çok zorlanıyor.

Her ne kadar Thomas ve Chess bu üçlü mizaç tasnifi yerine daha kapsamlı dokuz ayrı kategoriyi önerse de tahmin edeceğiniz gibi bu basit üçlü sınıflandırma oldukça yaygın bir şekilde kabul görüyor. Boylamsal araştırmalar gösteriyor ki bu temel mizaç özellikleri ileriki yıllarda çok ciddi bir değişikliğe uğramıyor. Yine benzer bir şekilde, farklı kültürlerde yapılan çalışmalar da benzer bir sınıflamayı destekliyor. Sadece Amerika'da değil, dünyanın pek çok yerinde yapılan çalışmalar da yukarıdaki sınıflamayı doğrular nitelikte. Nitekim bizde de Prof. Dr. Ziya Selçuk'un yetişkinler ve eğitim ortamında mizacın önemi üzerine, Prof. Dr. Bilge Selçuk'un okulöncesi dönem ve ebeveynlik bağlamında yaptığı çalışmalar da mizacın önemini gösteriyor.

Mizaç üzerine burada sıralayamayacağım kadar çok kuramsal çerçeve ve her çerçevenin ayrı bir sınıflandırma sistemi var. Önemli olan çocukların mizaçlarını etiketlemek değil, çocukların doğuştan gelen bu özelliklerinin farkına varmak. Dediğim gibi, kimi çocuk doğuştan gelen mizacına göre yeni tecrübelere, yani yeni kişi, mekân ve etkinliklere çabucak uyum sağlarken kimi çocuk da her yeni kişi, mekân ve ortam karşısında daha çekingen olabiliyor. O nedenle her ebeveynin ilk ödevi çocuğunu tanımaktır. Çocuğunun mizacını hesaba katmadan ezbere uygulanan hiçbir çocuk yetiştirme prensibi arzu edilen sonucu doğurmayacaktır. Önce çocuğunuzu tanıyacaksınız, sonra o çocuğun mizacına göre bir ebeveynlik tarzı geliştireceksiniz. Bilge Hoca'nın deyimiyle "mizaca göre ebeveynlik" şart. Çünkü ancak o zaman mizaç kavramının da iddia edildiği gibi çocukların kaderini belirleyen bir faktör olmadığını anlayabiliriz. Çocukların mizacı ister zor olsun ister kolay, eğer onların mizacına uygun bir ebeveynlik yapamazsak sonuç her durumda çocuklar için olumsuz olacaktır.

Özetle, etkin bir ebeveynin yapması gereken ilk iş, çocuğunu ve tabii ki kendisini iyi tanımak. Çünkü ebeveynlik de bir ilişki. O nedenle çocuğunuzu tanımak kadar kendinizi de tanımak önemli. Sizin mizacınızın kolay ve zor tarafları nelerdir? Her çocuk özgün bir varlık, doğru ama her anne baba da özgün bir varlık. Bu iki özgün varlık arasındaki ilişki tıpkı senkronize danslarda olduğu gibi uyumlu olmalı. Sizinle çocuğunuz arasındaki ilişkinin odağında çocuğun olması doğal, ama bu çocuğunuzun her adımına sizin uyum sağlamanız gerektiği anlamına gelmiyor. Tersi de geçerli; her dediğinizi harfiyen uygulayan bir çocuk bekliyorsanız hayal kırıklıklarına hazır olun. Çocuğun mizacına göre, duygusal yapısına göre esnek ama tutarlı bir ebeveynlik pratiği geliştirmek gerekiyor. Burada anahtar kelime "esneklik." Çocuğun değişen ihtiyaç ve beklentilerine göre kendi tutum ve duyarlılıklarınızı değiştirebilme esnekliği. Tabii söylemeye gerek yok, birden fazla çocuğu olan ebeveynlerin birden çok dans stili öğrenmesi gerekiyor. Malum her çocuk ayrı bir dünya, başka bir dans.

Dilerseniz Bilge Hoca ve arkadaşlarının Türkiye'de yaptığı bir araştırmayla tam olarak ne demek istediğimi anlatayım. Ürkek, çekingen, utangaç mizaca sahip çocuklar genel olarak diğer çocuklara göre duygularını idare etmekte çok daha fazla zorlanıyor. Ama ürkek, çekingen, utangaç mizaca sahip çocukların anneleri eğer çocuklarının mizacı konusunda daha duyarlı ise ortaya bambaşka bir sonuç çıkıyor. Duyarlı annelerin ürkek, çekingen, utangaç çocukları diğer tüm çocuklardan daha iyi idare ediyor duygularını. Yani mizaç önemli ama ondan daha önemli olan ebeveynlerin o mizacı hesaba katan tutum ve davranışları. En zorlayıcı mizaç özelliklerine sahip çocuklara karşı anne babalar sabırlı, anlayışlı, duyarlı ve destekleyici olduklarında, bu çocuklar pozitif anne baba tutumlarına en iyi geri dönüşü veriyor. Tersi de geçerli; görece zorlayıcı olmayan çocukları reçetelerle sıkı markaja alan ebeveynler sonuçta kendinden memnun olmayan, duygusunu yerinde kontrol edemeyen çocuklar yetiştiriyorlar. Galiba hayatın her yerinde aynı kural geçerli: Emek harcayınca sonuç daha kıymetli oluyor...

2. Çocuğunuzla güvene dayalı derin bir bağ kurun!

Sağlıklı bir çocuk yetiştirmenin temelinde çocukla güvene dayalı bir ilişki yatıyor. Bu güven de sıcak ve duyarlı bir duygusal bağ ile kuruluyor. Bu duygusal bağ, çocuk gelişim literatürünün en çok araştırılmış kavramlarından biri. Eğer izlemediyseniz, YouTube kanalında John Bolby tarafından geliştirilen ve Mary Ainsworth tarafından araştırma protokolüne dönüştürülen *Strange Situation* (Türkçeye "Yabancı Durum Testi" olarak çevrilmiş) videolarına göz atmanızı öneririm.

Bu garip araştırma düzeneğinde annesiyle oynayan bir çocuğun, annesi odada yokken, bilmediği bir odada, bir yabancının yanında ne yaptığına ve daha da önemlisi anne odaya geri döndüğünde ona nasıl tepki verdiğine bakılıyor. Bu garip duruma çocuğun verdiği tepkiye göre çocuklar farklı ilişki kategorilerine ayrılıyor. Bir yabancının yanında etrafı keşfeden ve anne döndüğünde onunla sıcak bir bağ kurabilen çocuklar annesiyle güven ilişkisi kurmuş sayılıyor. Tersine yabancıyla odada tek başına kaldığında tedirgin ve içe kapanık duran, annesi geri döndüğünde ona küsen ya da ağlayarak ondan uzaklaşan çocuklar ise güvensiz bir bağ kurmuş sayılıyor. Aslında güvensiz ilişkinin üç değişik boyutu var (kaçınmalı, kaygılı ve karmaşık) ama burada bizim için önemli olan boyut, çocuğun en az bir ebeveynle güvenli bağ kurması. Bu bağı kuran çocuk yeni tecrübelere, yani öğrenmeye ve gelişmeye açık oluyor. Ebeveyniyle güvenli bir bağ kurmakta zorlanmış bir çocuk ise önce oyun arkadaşlarıyla, sonra okulda öğretmenleriyle ve tabii yetişkin dönemlerde başkalarıyla sağlıklı bir ilişki kurmakta zorlanıyor.

Güven olmadan özgüven olmuyor. Özgüven olmadan bireysel başarı gelmiyor. O nedenle olabildiği kadar erken yaşta çocuklarımıza kendi ayakları üstünde durmayı, tercih yapmayı öğretmeli ve sorumluluk bilincini kazandırmalıyız. Elbise seçiminden ayakkabı bağlamaya, saç stilinden yemek yemeye pek çok alanda kararları çocuklarla birlikte vermekten söz ediyorum. Bizde ebeveynlerin zorlandığı bir alan bu, çünkü geçmişten gelen alışkanlıkla çocukların adına tüm kararları biz almak zorunda olduğumuzu hissediyoruz. Öyle olunca da edilgen çocuklar, kendi ayakları üstünde duramayan yetişkinler ortaya çıkıyor. Oysa birey olmak demek kendi başına hareket etmek, kim ne derse desin gerektiğinde kendi inancı doğrultusunda karar vermek demek. O nedenle siz siz olun çocuğunuza zorla bir elbise giydirmeyin, onlara zorla yemek yedirmeyin. Merak etmeyin üşürse giyer, açsa yer!

3. Mükemmel değil, olduğu kadar iyi olun yeter!

Çok sevdiğim bir ideal anne baba tanımı var İngilizcede: *Good enough parenting.* Yani kabaca çevirisiyle "Yeterince iyi ebeveynlik." Mükemmel ya da en iyi değil, yeteri kadar iyi bir ebeveynlik.

İdeal ebeveynlik, mükemmellik arayışından ortaya çıkmıyor. Tam tersine, sıradan bir ebeveynlik arayışından söz ediyoruz. Çünkü mükemmeliyetçi bir anne, çocuğun üstündeki ebeveynlik etkisini gereğinden çok abartıyor ve çocuğa kendi hayatını belirleme yetkisini vermiyor demektir. En iyi ebeveyn olmak adına tüm hayatını çocuğa göre organize eden bir anne ya da babanın ne kendisinin ne de çocuğunun mutlu olması mümkün. "Ben şöyle yaparsam çocuğum böyle olur" diye başlayan önermelerin çok azı maalesef hayatta doğrulanabiliyor. Büyük oranda çocukların gelişimi bizim bir anne baba olarak yapıp ettiklerimizden çok başka faktörler tarafından belirleniyor. Mizaç ile doğuştan gelen faktörlerin çocukların gelişimini nasıl etkilediğini bir önceki bölümde konuştuğumuz için şimdi gelin çevresel faktörlere bakalım.

Mükemmel ebeveynlik diye bir şey yok...
Gereğinden fazla kurcalayıp kendinizi de,
çocuğunuzu da yormayın.

4. Evde belli bir rutin oluşturun!

Çocuk yetiştirirken dikkate almamız gereken dördüncü nokta ise çocukların hayatında bir rutin oluşturmak. Gelişimin özellikle ilk yıllarında en temel ihtiyaç, çocukların hayatında belli bir günlük uyku ve yemek düzeninin olması. Sonraki yıllarda bu rutin yemek ve uykuya ek olarak oyun zamanı, ders zamanı ve tabii ekran zamanı için de geçerli. Pek çok araştırma, düzenli bir uyku rutini olan, ailesiyle rutin bir şekilde akşam yemeği yiyen çocukların daha sağlıklı büyüdüğünü gösteriyor. Bu rutin hem erken çocukluk döneminde, hem de ergenlik döneminde benzer olumlu sonuçlar doğuruyor.

Rutin oluşturmak için elbette çocuklara bakan yetişkinlerin de sıklıkla değişmemesi gerekiyor. Sürekli bakıcısı, arkadaş veya okul çevresi değişen çocukların belli zorluklar yaşadığı bir gerçek. Çocukların hayatına giren yetişkinlerin sık sık değişmesi, özellikle çocukların kritik gelişim dönemlerinde, örneğin duygusal bağın oluştuğu erken çocukluk yıllarında kaçınılması gereken bir durum.

Son olarak, rutin aynı zamanda tutarlılık demek ki bu çocuklara disiplin kazandırılması için en önemli gerekliliklerden. Özellikle çocuklarda sorumluluk bilincinin oluşması, neyin yapılıp neyin yapılmayacağı hakkında farkındalık oluşturulması noktasında tutarlılık önemli bir rol oynuyor. Bir gün evet denilip övülen bir davranış ertesi gün cezalandırılıyorsa o ortamda yetişen bir çocuğun aklının karışması gayet doğal.

5. Çocuğunuzu başkalarıyla kıyaslamaktan vazgeçin!

Çocuğum acaba neden henüz yürümeye başlamadı? Bizim çocuk akranlarından niye bu kadar geri kaldı? Boyu neden uzamıyor? Ayakkabısını niye bağlayamıyor? Yemek yerken neden üstünü başını batırıyor? Her ebeveynin en çok kaygılandığı alanların başında çocuğunun gelişim aşamalarında bir gecikme ya da aksama olması gelir. Özellikle yeni anne babalar doğal olarak çocuklarının ne derece "normale yakın" geliştiğini anlamak istiyor. İşte bu nedenle aileler çocuklarını ya akranlarıyla ya kardeşleriyle ya da kimi eski çocuk gelişim kitaplarında yer alan gelişim cetvelleriyle kıyaslıyor. Benim tavsiyem, zor olsa da, çocuklarımızı yetiştirirken bu tür kıyaslamalardan kaçınmak. Sizi bu konuda ikna etmek için üç nedenim var:

İlk olarak her anne babanın muhakkak bilmesi gereken, her eğitimcinin de çoktan bildiği bir gerçeğin altını çizerek başlayalım. Her çocuk özeldir! Bu şu demek, her çocuk kendine özgü bir takvimle gelişir. Tek bir takvim çıkarıp bütün çocukları o takvime göre ileri ya da geri diye tasnif etmek bilimsel olarak doğru bir yaklaşım değil. O nedenle şu an internette dolaşan gelişim takvimlerinin pek çoğunun bilimsel bir temeli yok. Bu cetvellerin çoğu eski kaynaklardan alıntı. Hatta o kaynakların çoğu Arnold Gesell'in 1920'lerde yayımladığı, Nancy Bayley tarafından 1960'larda yaygınlaştırılan verilere dayanıyor. Bu gelişim tablolarını yeni bilimsel kaynaklarda bulmak mümkün değil. Bulamazsınız, çünkü Avrupa insanını ve kültürünü temel alarak hazırlanan bu cetvellerin evrensel olduğu iddiası artık geçerliliğini yitirmiş durumda. Çünkü belli bir örneklem üzerinde belli bir kültürel ve tarihsel zaman diliminde geçerli olan ama farklı yer ve zamanlar için geçerli olmayan verilerden söz ediyoruz. Bazı gelişim alanları evrensel, bunda bir sorun yok, diye düşünüyorsanız yanılıyorsunuz.

Dilerseniz gelin biyolojik faktörlerin temel belirleyici olduğu varsayılan fiziksel gelişim kategorisinden bir örnek vererek anlatayım. Uzunca bir süre yürümenin çocuklarda evrensel olarak belli bir dönemde geliştiği varsayılıyordu. Çocukların kaç yaşında yürümeye başladığını, yürüme evrelerinin hangi aylara tekabül ettiğini Batı'da yapılan sayısız araştırmadan biliyoruz ama bu bilgi bile artık geçerliliğini yitirdi. Yürümek gibi oldukça evrensel kabul edilen bir alanda bile çevresel faktörlerin tahmin ettiğimizden fazla etkisi olduğu son yıllarda yapılan araştırmalarla ortaya çıkıyor. Bizim bölümden doktora öğrencimiz olan Dr. Lana Karasik'in yaptığı çığır açan araştırmalar bize gösteriyor ki yürümek hiç de iddia edildiği gibi evrensel olarak aynı yaşlarda gelişmiyor. Örneğin, Batı ülkelerinde bebekler 6 ayda oturmaya başlarken, Afrika'da 4 ayda oturmaya başlıyor. Başta Tacikistan olmak üzere Orta Asya göçebe toplumlarında uygulanan geleneksel kundaklama yöntemi çocukların yürümeye başlamasını uzunca bir süre erteliyor. Bütün bu farklar kültürler arası, ama aynı kültürde, aynı koşullarda yetişen çocuklar arasında da doğal olarak ciddi farklar var. Aynı anneden bir uzun bir de kısa boylu çocuğun dünyaya gelmesinde olduğu gibi her alanda bireysel farklılıklar söz konusu. İşte bütün bu nedenlerle detaylı gelişim takvimlerini bilimsel çocuk gelişim kaynaklarında görmüyoruz. Her ne kadar bilimsel olarak gelişim cetvellerindeki normların geçerliliği sorgulansa da genç ebeveynlerin "kıyaslama" merakı ister istemez piyasada bir karşılık buluyor. Öyle olduğu için de bugün hemen her alanda ay ay çocukların nasıl geliştiğine dair reçeteler yayımlanıyor. Bu noktada da karşımıza çocuklarını bu cetvellerle kıyaslayıp arzu ettiği sonucu bulamayan ailelerin stresi çıkıyor. Düşünsenize, cetvel diyor ki çocuğunuz filan ayda şunu yapacak, siz bakıyorsunuz çocuğunuz sözü edilen yerde değil! Böyle bir tablo karşısında kaygılanmamak elbette mümkün olmuyor. Ancak kaygı biliyorsunuz ki kararında olursa faydalı, fazlası zararlı bir faktör. Çünkü dengede tutulamayan kaygı bir süre sonra stres ve paniğe dönüşebiliyor. Hal böyle olunca da ailedeki panik çocuğa yansıyor. Bu durum da çocuğu, olası gelişimsel gecikmeden daha fazla etkiliyor. Bir başka ifadeyle, çocuğun gelişimini dert etmekle başlayan süreç, bir süre sonra çocuğun gelişimini baltalayan bir soruna dönüşüyor.

Bu noktada benim iki tavsiyem var. Öncelikle eğer çocuğunuzda gelişimsel manada bir gecikme olduğunu gözlemliyorsanız bir uzmana başvurun. Mümkünse birkaç uzmana gidin. Ancak bir noktadan sonra eğer uzmanların ortaya koyduğu ciddi bir genetik ya da gelişimsel sorun yoksa kaygınızı kontrol etmeyi öğrenin. Bu ikinci boyut birinciden daha önemli, zira ailedeki kaygı seviyesi bir süre sonra o kaygıyı ortaya çıkaran sorundan daha büyük bir soruna dönüşebiliyor.

Sorun ile kaygı arasındaki dengenin en çok bozulduğu alanlardan biri de obeziteyle mücadele. Oldukça karmaşık ve çok boyutlu obezite sorununu ailelerin nasıl çözeceği konusunu tek paragrafta açıklayacak sihirli bir formülüm yok. Ancak yukarıda sıraladığım iki aşamalı plan burada da geçerli. Öncelikle sorunun kendisini tarif ederken muhakkak bir uzmandan destek alınmalı. Çocukların gelişim dönemlerinde, özellikle geçiş dönemlerinde, kilo alıp vermeleri gayet doğal. Bu doğal iniş çıkışları abartıp meseleyi olduğundan daha büyük bir soruna dönüştürme riski giderek artıyor. Sağlıklı bir beslenme ile kilo fobisini karıştırmamak gerekiyor. Çocukların beslenme alışkanlıklarına müdahale ederken hassasiyeti kaçırıp, sorunu aile ve başka faktörlerden bağımsız olarak tamamen çocuk üzerinden görmeye kalkınca ve daha da önemlisi obezite korkusunu sağlıklı beslenmenin önüne koyunca, ortaya ilk baştakinden daha büyük bir sorun çıkabiliyor. Obezite elbette bir sorun, aile bu konuda bir şey yapmalı, ama aile olarak yapmalı, kaygı ve stres seviyesini kontrol altında tutarak yapmalı ve her durumda çocuğu akranlarıyla kıyaslayarak yapmamalı.

Son olarak şunu söyleyeyim: İlla dert edecekseniz çocuğunuzu "kritik gelişme dönemi" dediğimiz çok daha kabaca tarif edilen dönemlere bakarak değerlendirin. Yani çocuklar belli bir gelişim döneminde yürümeye, konuşmaya, duygusal olarak bir yetişkine bağlanmaya başlıyorlar, ama bu dönemler öyle sabit bir aya, hatta bir yaşa bağlı değil. Örneğin, biraz evvel üstünde durduğum için belirteyim: Çocuklar yürümeye 8. ayda da başlayabilir 18. ayda da. İkisi de "normal". Yürüme ve konuşma gibi gözlemlenmesi kolay, üzerine verisi bol alanlarda çocuktan çocuğa değişkenlik bu kadar büyük fark arz ediyorsa, diğer alanları siz düşünün. Örneğin, zihinsel beceriyi ya da akademik beceriyi ele alalım. Kimi çocuk akademik başarısının zirvesine ilkokulda çıkıyor, kimi ortaokulda, kimi de ancak üniversite ortamında kendi potansiyelini harekete geçirebiliyor.

Kıyaslama meselesinin üzerinde bu kadar fazla durmamım nedeni, bu tarz kardeş, akran kıyaslamalarının çocuklarımız üstünde bıraktığı son derece olumsuz ve kalıcı negatif etkiye vurgu yapmak. Bizim gibi toplumsal yapısı zengin kültürlerde akran, kardeş ve arkadaş kıyaslamaları doğal olarak çok fazla oluyor. Sosyal medyanın da etkisiyle artık çocuklar da bu yarışın içine girmiş durumda. Bütün bu kıyaslamalar çok küçük yaştan itibaren çocuğa çok net bir şekilde eksik olduğu duygusunu veriyor. Bu duygu da ister istemez çocuğun özgüvenini, kendine olan saygısını yaralıyor. Küçük yaşlarda başlayan bu kıyaslama darbesi, çocuğun yaşı ilerledikçe sosyal ortamlardan kaçınmaya, aileden uzaklaşmaya, kendi gerçek becerilerini sergilemekte tereddüde yol açıyor. Kısaca, ilk başta çocuğun gelişimini dert etmekle başlayan masum bir merak, zamanla ailede strese, çocukta kalıcı hasara yol açıyor.

Biliyorum, ebeveyn olmak kaygılanmak demek. Ben de sizler gibi çocuklarımı yetiştirirken kaygılanıyorum. Acaba iyi bir okula girecekler mi? Acaba sağlıklı bir yetişkin olacaklar mı? Acaba onlar benim yapamadığım şeyleri yapma fırsatı bulacaklar mı? Kendime yaptığım tavsiyeyi size de hatırlatayım: Bazen çocuklar bazı alanlarda geride kalacak. Bunun böyle olmasında biz ebeveynlerin hiçbir katkısı olmayabilir. Bunu unutmayalım. Tavsiyem, bu tür kıyaslamalarda dert ettiğimiz meselenin kendisi ile dert ederek ortaya çıkan kaygının yarattığı stres arasında bir muhasebe yapmanız. Kaş yaparken göz çıkartma olasılığı yüksek bir alan çocuk yetiştirme.

Bana çocuk yetiştirme tarzınızı söyleyin size nasıl bir çocuk yetiştireceğinizi söyleyeyim!

Bundan yaklaşık 25 yıl önce alana yeni girdiğimde yayımladığım ilk bilimsel makalenin başlığı "Çocuk Yetiştirme Tarzları" idi. "Ergenlik Ansiklopedisi" (*Encyclopedia of Adolescence*) için yazdığım o yazıdan yola çıkarak anne babaların çocuk yetiştirme tarzları üzerine birkaç önemli noktayı sizlerle paylaşmak istiyorum. Tıpkı yukarıda çocuğunuzu tanımadan onu yetiştirmeyin dediğim gibi bu bölümde de kendi çocuk yetiştirme tarzınızı bilmeden bu işe girişmeyin diyeceğim. Çünkü anne babaların çocuk yetiştirme tarzları, onların çocukları üzerinde oldukça önemli bir iz bırakıyor. Şimdi kitabı bir kenara bırakıp, şöyle etrafınızdaki çocuk yetiştiren anne babalara bir bakın. Pek çoğunun kendine has tarzı olduğunu göreceksiniz. Kimi size göre aşırı serbest, kimi size göre aşırı kontrolcü. Kimi de son derece kaotik gelecek. Peki, bu anne babalar bu çocuk yetiştirme tarzlarını nasıl ediniyor?

Her anne ve baba kendi çocuk yetiştirme tarzını geniş bir kültürel bağlamda geliştirir. Tabii ki öncelikle kendi anne babalarımızdan etkileniriz. Kendi çocukluğumuz hiç tahmin edemeyeceğiniz kadar çok belirliyor bizim çocuklarımızı nasıl yetiştireceğimizi. Sadece çocukluk değil, yetiştiğimiz koşullar, sosyoekonomik ortam, dini inançlarımız ve ahlaki değerlerimiz de ebeveynlik tarzımızı belirliyor.

Psikolog Diana Baumrind sistematik bir şekilde anne babaların çocuk yetiştirme tarzlarını incelemiş bir araştırmacı. Çocuk yetiştirme uygulamaları daha önce pek çok kez davranış bilimciler ve psiko-analitik teorisyenler tarafından formüle edilmeye çalışılmış olsa da, Baumrind'in araştırması bu alanda en yaygın kabul göreni. Baumrind, okulöncesi dönemdeki çocukları ve ebeveynlerini ev ortamında, gözlem testlerle inceleyerek bir dizi önemli çalışma yürüttü. Çalışmaya ait veriler 1960'ların başında Berkeley, Kaliforniya'da toplandı. Aynı çocukları 8-9 yaşlarına geldiklerinde tekrar gözlemleyen Baumrind, çocuk yetiştirme tarzlarını üç ana grupta topladı: otoriter, serbest ve demokratik. Eleanor Maccoby ve John Martin ise Baumrind'in üç kategorilik çocuk yetiştirme tarzına dördüncü kategoriyi ekledi: ilgisiz (ihmalkâr) ebeveynlik.

Bugün tüm dünyada yaygın olarak kullanılan Baumrind modeline göre anne babalar çocuğa gösterdikleri ilgi ve kontrol seviyesine göre dört gruba ayrılıyor: Otoriter, demokratik, serbest ve ilgisiz (ihmalkâr).

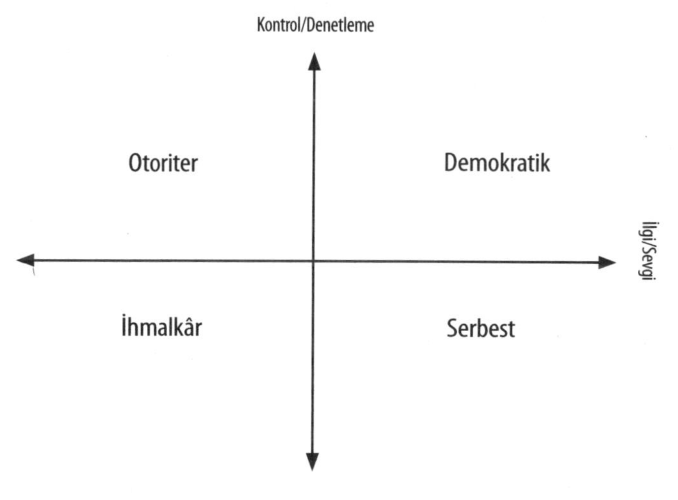

Otoriter ebeveynlik

Otoriter ebeveynlik tarzı bir taraftan aşırı kontrolle her şeyi çocuklardan talep ederken, diğer taraftan çocukların ihtiyaç ve beklentilerine görece duyarsız kalan ebeveynleri tarif ediyor. Bizim kültürümüzde daha ziyade "disiplin sahibi" ya da "katı" diyeceğimiz bir anne baba kalıbı. Bu tarz ebeveynler çocuklardan kurallara katı bir şekilde uymalarını bekliyor. Bu kurallar, çocuklarla hatta eşler arasında bile tartışmaya açık değil, zira otoriter ebeveynler açık iletişim kurmaya pek meyilli değiller. Bu tür ebeveynler nadiren kuralların neden gerekli olduğunu çocuklarına anlatıyorlar. "Yap, çünkü yapmanı söylüyorum!" bu ebeveynlerin ortak tutumu. Çocuklardan tam itaat bekleyip gerektiğinde zor kullanarak onların kendilerine riayet etmelerini sağlamaya çalışıyorlar. Övgü ve ödül gibi daha yumuşak ikna yöntemlerini nadir olarak kullanıyorlar. Bu ebeveynlik tarzının sonucu olarak, çocukların ebeveynlerinin doğru veya yanlış kararlarını sorgulamalarını bekleyemiyoruz. Çünkü eğer sorgularlarsa cezalandırılıyorlar.

Bu tarzı benimseyen ebeveynler, maalesef çocukları üzerinde kontrol kurmak isterken onların haklarına ve ihtiyaçlarına cevap vermekte yetersiz kalıyorlar. O nedenle araştırmalar, otoriter ebeveynlerin çocuklarının görece daha karamsar, mutsuz, korkak, endişeli, içedönük ve en önemlisi de yeni deneyimlere kayıtsız kaldıklarını gösteriyor. Bu son noktanın eğitim sürecinde de çok önemli olduğunu söylemeye gerek yok. Otoriter bir aile ortamında yetişen çocukların özellikle ergenlik dönemlerinde özgüvenlerinin düşük olduğunu ve duygusal olarak da daha depresif olabildiklerini gözlemliyoruz. Aynı şekilde sosyal becerilerden akranlarına göre daha yoksun oldukları için bu tarz ortamlarda yetişen çocuklar genellikle akranlarıyla iletişimde de sorunlar yaşıyor. Otoriter ebeveynler tarafından yetiştirilen kız çocuklarının yetişkin olduklarında karar alırken ebeveynlerinin onayına daha çok ihtiyaç duydukları da bir gerçek. Bu tarz bir ortamda yetişen erkek çocuklar ise biraz daha şiddete meyilli, genellikle öfkeli ve isyankâr oluyorlar.

Demokratik ebeveynlik

Demokratik ebeveynlik tarzı, hem otoriter hem de serbest ebeveynlere kıyasla, çocuk yetiştirmede görece daha esnek bir tarz. Bu tarz ebeveynler hem kontrolü hem de ilgi ve sevgiyi daha dengeli bir şekilde kullandıkları için daha makul kabul ediliyorlar. Bir taraftan serbest ebeveynlikte olduğu gibi çocuklarının özgürlüğüne izin verirken diğer taraftan koydukları kısıtlamalar için gerekçeleri açıklayıp çocuklarının bu kuralları izlediklerinden emin oluyorlar. Demokratik ebeveynler çocuklarının ihtiyaçlarına ve bakış açılarına duyarlı, onlarla tartışmaya açık, onların makul ve mantıklı savlarına göre kararlarını gözden geçirmeye de hazırdırlar. Demokratik ebeveynler kararlarını çocuklarının arzularına dayandırmaksızın gerekçeleri ve ebeveynlik güçlerini kullanarak sonuç almaya çalışıyorlar. Kısacası, demokratik ebeveynlik hem ebeveynlerin hem de çocukların haklarına saygı duyan bir yaklaşım.

Tariften de anlayacağınız gibi bu tarz, literatürde ideal ebeveynlik tarifine daha yakın bir yerde duruyor. Demokratik tarzı benimseyen ebeveynler tarafından yetiştirilen çocuklar, daha pozitif ve mutlu bir ruh hali içinde, sosyal ilişkilerinde daha özgüvenli oluyorlar. En önemlisi, duygularını daha iyi kontrol edebiliyorlar. Bu çocuklar yıkıcı davranış ve tutumlara direnme eğiliminde oluyorlar. Bu tarzı benimseyen ebeveynlerin çocukları cinsiyet kalıplarını daha az takip ediyorlar. Otoriter ve izin verici aileler tarafından yetiştirilen çocuklara göre, demokratik ebeveynler tarafından yetiştirilen kızlar daha bağımsız ve keşfetmeye meyilli, erkekler ise sosyal ilişkilerinde daha samimi ve işbirliğine açık oluyorlar. Araştırmalar, bu tarz ortamlarda yetişen çocukların okul performanslarının daha yüksek, entelektüel dünyalarının daha geniş, en önemlisi de yeni tecrübeler denemeye daha istekli olduklarını gösteriyor.

Serbest (izin verici) ebeveynlik

İzin verici çocuk yetiştirme tarzı aynı zamanda "serbest ebeveynlik tarzı" olarak da adlandırılıyor. Bu tarzı benimseyen ebeveynler, bir taraftan çocuklarının ihtiyaçlarına aşırı duyarlı olurken diğer taraftan çocukları üzerinde kontrol kurma ve onlara gerektiği zaman sınır koyma noktasında çok zayıf kalıyorlar. Çocuklarının duygularını istedikleri gibi dışa vurmalarına izin veriyorlar. Gelişimsel olarak hazır olmasalar bile, çocuklarının kendi kendine karar almasını destekliyorlar. Ev işlerinde çocuklarına sorumluluk veriyor ve onların uygun şekilde davranmalarını bekliyorlar. Çocuklarının kendi hayatlarını düzenlemelerine izin veriyorlar. Bazı ebeveynler bu tarzı çocuklarının bağımsız birer birey olmasını istedikleri için tercih ediyor. Ancak bazı ebeveynler de bu tarzı çocuklarının davranışlarını etkileme becerilerine sahip olamadıkları için mecburiyetten seçiyor. Çocuk ile ebeveyn arası rollerin kaybolma riski özellikle bu ikinci grup için söz konusu.

İzin verici ebeveynlerin yetiştirdiği çocuklar fevri ve saldırgan olma eğilimi gösteriyorlar. Aynı zamanda kendi duygularını kontrol etme becerisi de pek gelişmemiş olduğundan bu tarz ortamlarda yetişen çocuklar bizde "şımarık" diye addedilen kategoriye daha yakındır. Öte yandan serbest ortamda yetişen çocuklar kolayca sosyalleşiyor, fakat uygun sosyal davranışın ne olduğunu konusunda bilgileri sınırlı oluyor. Genellikle davranışlarının sonuçlarını düşünmeden hareket ediyor ve yanlış davranışları için gerektiğinde sorumluluk almaktan kaçınıyorlar. Bu çocuklar itaat etmeye alışmadıklarından başkaları tarafından konulan sınırlara uymakta zorluk çekiyorlar. Bu durum özellikle ev dışındaki yetişkinlerle, örneğin öğretmenlerle ileride sorunların çıkmasına sebep olabiliyor. Yine sorumluluk ve davranışlarının sonucunu alma noktasında tecrübesiz oldukları için aşırı serbest ortamda yetişen çocuklarda özgüven eksikliği de gözlemlenebiliyor. O nedenle bu çocukların bilişsel ve sosyal yeterlilik ölçümlerinde ortalamanın altında puan aldıkları görülüyor. İzin verici çocuk yetiştirme tarzının sürekli kullanımı, özellikle ergenlik döneminde gençlerde risk davranışları dediğimiz sigara, alkol vb. kötü alışkanlıklara yol açabiliyor ve zaman zaman suç işlemeye kadar varan sonuçlar doğurabiliyor.

İhmalkâr (ilgisiz) ebeveynlik

İlgisiz ya da ihmalkâr ebeveynlik tarzını benimseyen ebeveynler ne çocuklarının ilgi ve ihtiyaçlarına gerektiği gibi karşılık veriyor ne de onlar üzerinde bir kontrol kuruyorlar. Bu tarz ebeveynler çocuklarından çok az talepte bulunduklarından çocuklarını etkilemekte başarısız olurlar. Çocuklarının ihtiyaçlarını görmezden geliyor ve hayatlarını çocuklarına göre değil kendilerine göre düzenliyorlar. Daha önce bahsedilen çocuk yetiştirme tarzları arasında çocuklar üzerinde en olumsuz etkiye sahip tarz, ilgisiz ebeveynlik tarzı. O nedenle bu tarza ihmalkâr ebeveynlik de deniyor. Bazı ebeveynlerin bu tarzı çocuk yetiştirme konusunda kendilerini yetersiz bulduğu için de tercih ettiği görülüyor.

Tahmin edeceğiniz gibi, ihmalkâr ebeveynler tarafından yetiştirilen çocuklar pek çok sorunla karşılaşıyor. Bir taraftan kimi zaman temel ihtiyaçları bile karşılanmadığı için bu tarz ortamlarda yetişen çocuklar hem fiziksel hem de duygusal olarak akranlarından daha geride kalıyorlar. İlgisiz büyüyen çocuklar hem okul yıllarında başta öğretmenler ve akranlarla olmak üzere sorunlar yaşıyor, hem de sonraki yıllarda başka yetişkinlerle iletişime geçmekte güçlük çekiyorlar. Öyle olduğu için de özellikle ergenlik döneminde bu tarz ebeveynler tarafından yetiştirilen çocuklar bir taraftan kötü alışkanlıklara meyil ederken diğer taraftan sosyal ilişkilerinde sıkıntılar yaşıyorlar.

Çocuk yetiştirme tarzlarını değerlendirirken akılda tutulması gerekenler

Baumrind'in belirlediği çocuk yetiştirme tarzları, son otuz yıldır bu alandaki çalışmalar için ölçüt kabul edildi. Birçok araştırma Baumrind'in yaklaşımını haklı çıkarsa da, birkaç önemli noktaya dikkat çekmek istiyorum. Bu kitap akademik bir yayın olmadığı için çok kuramsal bir tartışma açmak istemem, ancak Baumrind'in kategorilerini değerlendirirken ilk olarak bu modelin belirli kültürel ve tarihsel koşulların ürünü olduğunu vurgulamama müsaade edin. Bu şu demek: Baumrind'in çalışması büyük ölçüde modern bir toplumda yaşayan orta sınıf ebeveynlere dayanıyor. Bu nedenle, farklı gruplara uygulanması eksik sonuçlar doğurabilir. Eğer çocuk yetiştirmeyi çocuklarımıza hayatta başarılı olmak için ihtiyaç duydukları kritik becerileri kazandırmak olarak tarif edersek, bu becerilerin ortamdan ortama, kültürden kültüre değişkenlik arz edeceğini kabul etmeliyiz. Örneğin, Baumrind'in dört kategorisinin köy ortamında ya da aşırı yoksulluk ortamında ya da mülteci ebeveynler için pek geçerli olmayacağını söylemeye gerek yok. Her kuramsal çerçevenin bir sınırı var.

İkinci olarak, Baumrind'in çocuk yetiştirme tarzları değişmez birer etiket değildir. Çocuk yetiştirme tarzları, ebeveyn çocuk yetiştirme konusunda daha fazla deneyim kazandıkça değişebilir. Örneğin, ilk çocuklarını otoriter tarzla yetiştirmiş bir ebeveyn, sonraki çocuklarında bu tarzı izin verici tarza çevirmiş olabilir. Ebeveynler aynı zamanda çocuk yetiştirme tarzlarını, farklı bir kültürel ortama taşınma ya da işsizlik gibi, değişen sosyal ve ekonomik koşullara göre de değiştirebilirler. Çocuk yetiştirme uygulamaları aynı zamanda çocuk ile ebeveynin mizaçları arasındaki uyumdan da etkilenir. Çocukların, çocuk yetiştirme süreçlerinde pasif oldukları konusundaki eski anlayışın aksine, yeni teoriler çocukların düşünülenden çok daha aktif bir şekilde ebeveynin çocuk yetiştirme tarzını etkilediğini ortaya koyuyor. Özetle, her ebeveynin çocuk yetiştirme tarzı çocuktan çocuğa ve zamanla değişebiliyor.

Üçüncü olarak, bu kategoriler oldukça kaba çizgilerle ayrılıyor. Oysa çocukları olduğu gibi bireyleri de, anne babaları da bu kadar kalın çizgilerle birbirinden ayırmak güç. Her anne babanın kendine özgü bir çocuk yetiştirme tarzı var. O tarzın içinde yukarıdaki kategorilerden biri daha baskındır muhakkak ama biraz dikkatli bakınca her anne babada başka tarzların da izi vardır. Sonuçta, olması gereken her anne babanın kendi çocuğunun yaşına, mizacına ve tabii ki kendi ruh haline göre zaman zaman farklı tarzları kullanabiliyor olmasıdır. Hiçbir ebeveynin tek bir tarza sürekli bağlı kaldığı söylenemez.

Çocukların sosyalleşme sürecinden tüm kültürlerde kabul gören beklentiler olsa da, her kültürel grubun çocuk yetiştirme tarzları birbirinden farklıdır. Çocuk yetiştirme tarzları, büyük ölçüde, ebeveynlerin, toplumun başarılı bir bireyi olarak, çocuklarını büyütmenin uygun yollarına olan inançlarına bağlıdır. Çocuk yetiştirmenin doğru veya yanlış bir tarzı yoktur. Bu nedenle çocuk yetiştirme tarzı çocuğun içinde bulunduğu kültürel ortama uyumuyla ilişkilendirilerek düşünülmelidir. Bununla birlikte, demokratik ebeveynlik gibi bazı çocuk yetiştirme tarzlarının çocukların evde ve akran grubundaki sosyal yeterliliğini geliştirmek için diğer ebeveynlik tarzlarından daha iyi çalışacağını söylemek mümkündür. Daha önce de belirttiğim gibi, bu tarz çoğunlukla orta sınıf görece eğitimli aileler için geçerlidir. Çokça sevgi ve sıcaklıkla harmanlanan ölçülü ebeveyn kontrolü, çocukların içinde bulundukları topluma uygun birer birey olarak yetişmelerine yardımcı olacaktır.

EBEVEYNE NOT

Bizim de milli bir çocuk gelişim araştırmamız olsun!

Bu kitapta yer alan pek çok çalışma yurtdışındaki kaynaklardan alınıyor. Bu çalışmaların önemli bir kısmı her devletin kendi içinde kurduğu çocuk gelişimini destekleyen devlet fonlarıyla gerçekleştiriliyor. Örneğin, Amerika'da National Institute of Health (Ulusal Sağlık Enstitüsü) her sene milyarlarca dolarlık bütçesiyle bu alandaki araştırmacıları destekliyor. Bu araştırmalar içinde özel bir alan var ki orada her ülke kendi içinde bir grup çocuğu doğum öncesinden alıp tabir caizse ölüm döşeğine kadar takip ediyor. Bir nevi milli araştırma projesi oluyor bu çalışmalar. Örneğin, bu kitapta da detaylarını okuyacağınız Dunedin Araştırması Yeni Zelanda'da bir şehirde doğan herkesi alıp onları belli aralıklarla ölçüyor. Bilimsel olarak boylamsal dediğimiz bir deseni var bu çalışmaların. Bu bağlamda her modern ülkenin en az buna benzer bir milli araştırması var. Mesela Almanya'nın, Amerika'nın, İngiltere'nin 50-60 yıl devam eden ulusal araştırmaları var.

Bizde maalesef böyle milli bir araştırma yok. Bir ilçede doğan tüm çocukları belli aralıklarla takip ettiğimizi, Türkiye'de çocuk olmak, ergen olmak, yetişkin olmak üzerine veriler topladığımızı, o verilerin eğitimden sağlığa pek çok alanda bize ışık tuttuğunu hayal edin... Çocuklarımıza ve ülkenin geleceğine bundan daha faydalı bir yatırım olabilir mi? O nedenle burada açtığım şu küçük pencereden heyecanımı sizinle paylaşmak istedim. Bizim de artık bize yakışan ulusal bir veri tabanımız olsun. Eğitimci, psikolog, pediatri uzmanı, hemşire, sosyolog ve antropologlar başta olmak üzere çok disiplinli bir ekip bir araya gelerek bu araştırmayı gerçekleştirebilir. Böylesine çok boyutlu bir veri tabanı olmadan bu yüzyılda çocuklarımız için neyin iyi, neyin kötü olduğunu anlamamız başkalarının verilerine bağlı kalmaya devam edecek. Bu durumu değiştirmek elimizde. Önce hayal ederek, sonra talep ederek başlayabiliriz.

Babalık çocuk yetiştirmeyle başlar!

Bu kitabı sadece anneler için yazmadım. Derdim, babaları da aile fotoğrafının içine almak, onları da çocuk yetiştirme sürecinin asli bir parçası olarak görmek. Bu öyle söylendiği kadar kolay bir şey değil, çünkü pek çok klasik çocuk gelişim araştırması bile anneler üzerine. İşte şimdiye kadar bu kitapta sizinle paylaştığım üç temel araştırma, mizaç, duygusal bağ ve ebeveynlik tarzı üzerine yapılan bilimsel çalışmaların neredeyse tamamı anne odaklı. Ancak o çalışmaların tamamı geçen yüzyıldan kalma! Artık eskiden sorduğumuz her soruyu bu sefer babaları da hesaba katarak yeniden yanıtlıyoruz. Son dönemde bilimsel yayınlara baktığımda en çok gözüme çarpan konu babalara dair olan çalışmalar. Bir baba olarak bu beni oldukça memnun ediyor. Nihayet biz de çocuklarımızın olduğu fotoğrafa giriyoruz.

Bu yüzyıl çocuk gelişiminde babaların yüzyılı olacak

Merhum Hocam Çiğdem Kağıtçıbaşı, bizde çocuk gelişimine en çok kafa yoran, bu alanda dünya çapında ses getiren yayınlar yapmış olan bir psikolog. Kendisiyle vefatından önce kendi evinde yaptığımız son sohbet Türkiye'de babalık üzerineydi. O da uzun yıllar anne-çocuk üzerine çalışma yapmış biri olarak artık babalara rotayı çevirmişti. Bu amaçla başlattığı AÇEV Babalık Araştırması kendisi vefat ettikten sonra yayımlandı. Bu araştırma bildiğim kadarıyla Türkiye'de babaların ebeveynlik rolü üzerine yapılan en kapsamlı çalışma. Hem derinlemesine mülakatlar hem de 51 ilden 3.235 babayla yapılan ankete dayanan bu önemli çalışmada Çiğdem Hoca ile Yılmaz Esmer Hocamın da bulunması benim verilere olan güvenimi artırıyor. Tamamı internet ortamında mevcut ve her babaya muhakkak tavsiye ederim. Şimdi gelin bu rapordaki veriler ışığında bir gezintiye çıkalım. Bakalım bizim erkeklerimiz babalık vazifesini ne kadar yerine getiriyor?

İlgili babalık nedir?

Araştırma, pozitif babalık özelliklerini "ilgili babalık" olarak tanımlıyor ve bunu da üç boyut altında değerlendiriyor: Bakım, kontrol ve yakınlık. Babanın çocuk bakımından sorumlu olduğu davranışlara bakım, çocuğun yaşına ve gelişim düzeyine uygun olarak kural ve sınır oluşturmasına kontrol, çocukla karşılıklı ve yakın bağ kurmasına da yakınlık davranışı deniyor. Araştırma bu çerçevelerinin her biri için ayrı ayrı bir ölçüm yapmış. Şimdi bu üç çerçevede bakalım durumumuz nedir?

Babalar çocuk bakımını kendi işi olarak görmüyor

Araştırmaya katılan babaların yüzde 90'dan fazlası anneyi çocuk bakımının asli sorumlusu olarak görüyor. Mesela, babaların yarısı çocuğunu hiç tuvalete götürmemiş. En temel ihtiyaç bu! Tahmin edeceğiniz gibi babaların üçte biri çocuğunun altını hiç değiştirmemiş. Benzer şekilde, üç babadan biri çocuğunun tırnağını hiç kesmemiş! Anlaşılan, hem enerji hem de özen isteyen bu işlerin tamamı annelere devredilmiş durumda.

Yasaklama babayla başlıyor

Araştırmada 4-10 yaş arasında çocuğu olan katılımcı babaların en sık uyguladığı cezalandırma yöntemi ise "yasaklama". Babaların "sık sık" ve "her zaman" yasak uygulama oranı yüzde 33. Yani her üç babadan biri yasaklama üzerinden çocuklarına sınır koymaya çalışıyor. Ancak sözel şiddet oranı yasaklamadan sonra en sık başvurulan kontrol yöntemi. Her şeye rağmen maalesef fiziksel şiddet içeren cezalar az da olsa bir grup için temel kontrol mekanizması. Neredeyse her 10 babadan 1'i çocuğunu kontrol etmek için maalesef fiziksel şiddete başvuruyor. Tabii sonuçta kişilerin kendi beyanı üzerine kurgulanmış bir araştırmadan elde edilen sonuçlar bunlar. Tahminim, bu oranın gerçek uygulamada biraz daha yüksek olabileceği. Her durumda 10 çocuktan 1'i bile olsa, tek bir çocuk bile olsa, fiziksel şiddete maruz kalan çocuk oranı hayli yüksek! Beklenen, bu rakamın sıfır olması.

Bütün bu verilere rağmen babalar genel olarak kendilerini çocuklarına çok yakın hissediyorlar. Ancak bu yakınlığın davranışsal göstergelerine baktığımızda karşımıza çıkan aşağıdaki manzara o kadar iç açıcı değil.

Son bir ay içinde çocuğunuzla aşağıdakilerden hangilerini yaptınız? (0-10 yaş)

Verileri tek tek incelediğimizde görüyoruz ki, Türkiye'deki babalar evde çocuklarıyla en çok televizyon izleyerek vakit geçiriyor. Bu oran genelde yüzde 79'u buluyor, ama 4-10 yaş çocuklar için yüzde 86'ya ulaşıyor. Çocuğuyla birlikte kurmaca oyunlar oynayan babaların oranı ise yalnızca yüzde 43.

Babalarla yapılan bu araştırma verileri içinde beni en çok kaygılandıran sonuçlardan biri, babaların yalnızca yarısının çocuğuna masal ya da hikâye anlatıyor olması. Çocuğuyla birlikte kitap okuyanların oranı ise yüzde 39. Zaten araştırmadaki bir diğer veri de kitap meselesini ortaya koyuyor: Çocuğuna hiç kitap okumayan ya da "nadiren" okuyanların oranı yüzde 46. Yani Türkiye'deki babaların neredeyse yarısı çocuğuna hiç kitap okumamış! Hal böyle olunca da ortaya oldukça sıkıntılı bir manzara çıkıyor: Çocuklar babalarıyla oldukları ortamlarda televizyon bağımlısı, kitapsız, masalsız, hayalsiz bir şekilde yetişiyorlar.

Babalar resimde yok!

Raporun tamamını burada tek tek anlatmama gerek yok. Veriler gayet net: Babalar ebeveynlik resminde yok. Çocukların yetiştirilme işi özellikle erken yaşlarda tamamen annelere terk edilmiş durumda. Ergenlik ve sonraki yıllarda aile resmine babaların girdiklerini görüyoruz, ama o konuda da üstünde durmamız gereken birkaç nokta var. İlk önce şunu unutmayalım: Erken yaşlarda temeli sağlam atılmayan her ilişki sonradan sağlıklı bir şekilde gelişemiyor. Okulöncesi dönemden başlayarak çocuğuyla güvene dayalı bir ilişki, sağlıklı bir diyalog kuramamış bir babanın sonraki yıllarda pat diye bu eksiği kapatması oldukça zor oluyor. O nedenle benim bu kitabı okuyan babalara özel bir çağrım var: Yukarıdaki verileri değiştirmek bizim elimizde! Biliyorum, bizler babalarımızdan çocuk yetiştirme konusunda çok şey öğrenemedik. Önümüzde etkin babalık yapmış, çocuğuyla daha doğuştan ilgilenen, onun altını değiştiren, yemeğini hazırlayan, anne olmadan çocuğuyla birkaç saat değil, birkaç gün geçiren baba rol modelleri çok az. O nedenle hepimize çok iş düşüyor. Bu aile albümünü değiştirmek, orada babalara yer açmak mümkün.

Hayat hızla değişiyor! Her anlamda değişiyor. Bu değişim içinde cinsiyet rollerinin de değişmesi gerekiyor. Yaşadığımız bu hızlı dönüşüm çağında çocuk bakımı artık sadece anneden beklenen bir uğraş olarak kalamaz. Bunun da değişmesi, babaların da anneler kadar ebeveynlik sürecine katılması gerekiyor. "Katılmak" derken öyle "Ben para kazanayım, annesi çocuğa baksın" demekle olacak bir görev paylaşımından söz etmediğim umarım açıktır. Çünkü bu çağda çocuk yetiştirme annelerin tek başlarına üstesinden geleceği bir uğraş değil. Hele söz konusu olan çalışan anneler ise bu söylediğim çok daha önemli. Ev işlerinden çocuk yetiştirmeye tüm uğraşların anne baba arasında dengeli ve eşit dağıtılmadığı her aile fotoğrafı bu çağda eski bir fotoğraf olarak kalmaya mahkûmdur. Eşit derken yemeği anne yapsın, salatayı baba yapsın göstermelik eşitliğinden de bahsetmiyorum. Gerçek manada evdeki işlerin, çocuk yetiştirme sorumluluklarının eşler arasında dengeli bir şekilde dağıtılmasından söz ediyorum. Çamaşır bulaşık yıkayan, yemek yapan baba modeli bizde çok yeni ama bunun artması bizlerin elinde.

Bizim gibi geleneksel olarak ataerkil bir kültürde bu söylediğimin zor olduğunun farkındayım, ancak burada bir tercih değil bir zorunluluktan söz ediyorum. Çünkü kendi hayatımdan da biliyorum. Dedemden babama, babamdan bana ve benden benim oğluma en büyük değişimi gözlediğim alan cinsiyet rollerine yaklaşım oldu. Dedem bir kere babamın elinden tutmamış. Babam dedemim yanında kucağına kendi çocuğunu alıp sevememiş. Ama bu böyle diye ben de öyle olmak zorunda değilim! Hayat değişiyor, bizim de değişmemiz gerekiyor. Bu değişime kendimiz için olmasa da çocuklarımız için ayak uydurmak zorundayız. Sonuçta biz de onların rol modelleriyiz.

Çünkü çocuklar evde anne ve babadan gördükleriyle büyüyor. Özellikle kültürel olan cinsiyet rollerini çocuklar anne babalarından görerek öğreniyorlar. Evde anne ve baba olarak yaptığımız her şey onların dünyasına belli bir yaştan sonra kadın ve erkek cinsiyet rolleri olarak kodlanıyor. Bu anlamda anne baba olarak çocuklarımıza iyi birer rol modeli sunmak, onların gelişimine yaptığımız en önemli katkılardan biri. Eğer evde cinsiyetçi bir işbölümü varsa çocuk da ona göre cinsiyetçi bir kimlik geliştirecek. Eğer evde dengeli bir işbölümü varsa, çocuklarımız da kendi kimliklerini daha dengeli bir şekilde kuracak. Çünkü öğretmenin en etkili yolu bu. Rol model olmak. Babalara bu anlamda çok iş düşüyor. İster kızınız olsun, ister oğlunuz. Eğer onların kendilerine güvenen, hakkını koruyan ve başkalarının hakkını gözeten birer birey olmasını istiyorsanız ilk yapmanız gereken, evde bu değerleri eşinizle birlikte hayata geçirmek. O nedenle ben ne zaman çocuk yetiştirmeyle ilgili bir şey söylersem anneler kadar babalara da seslenmeye özen gösteriyorum. Biliyorum ki bu alanda kat edecek çok yolumuz var. Nitekim veriler de bu kaygımı doğruluyor. Ama değiştirecek gücümüz de var. Bize bizden başka engel yok bu konuda.

EBEVEYNE NOT

Ölüm döşeğindeki çocukların "Keşke daha çok yapsaydım" dediği şeyler!

Alastair McAlpine ölümcül hastalıklara yakalanan çocuklarla çalışan bir doktor. Twitter'dan yaptığı bir paylaşımda "Çocuklara hayatta nelerden zevk aldıklarını, hayatlarına neyin anlam kattığını sordum" deyip aldığı yanıtları sıraladı. Herkesin ve özellikle ebeveynlerin öğreneceği çok şey var bu listede:

1. Öncelikle, hiçbiri "Keşke daha fazla televizyon izleseydim", "Facebook'ta daha fazla zaman geçirseydim" falan dememiş.
2. Çoğu evcil hayvanlarından bahsetmiş. "Rufus'u çok seviyorum; komik havlamaları beni güldürüyor." "Ginny'nin geceleri bana sokulup mırıltılar çıkarmasına bayılıyorum." "Jake'le sahilde gezdiğimiz zamanlar en mutlu olduğum anlardı."
3. Çocukların pek çoğu anne babalarından, genelde endişe duyarak bahsediyor. "Umarım annem iyi olur. Üzgün görünüyor." "Babam endişelenmemeli. Sonra yine buluşacağız zaten." "Ben ölünce Tanrı anneme babama yardımcı olsun."
4. Hepsi kitapları ya da kendilerine hikâye anlatılmasını sevdiğini söylüyor; özellikle anlatan anne babaları olunca. "Harry Potter bana kendimi cesur hissettiriyor." "Uzayda geçen hikâyelere bayılıyorum!" "İyileşince Sherlock Holmes gibi iyi bir dedektif olmak istiyorum." Anneler babalar! Çocuklarınıza bol bol okuyun, bunu çok seviyorlar.
5. Çoğu başkalarının kendileri hakkında ne düşündüğünü daha az kafaya takmış olmayı ve kendilerine "normal bir insan" gibi davrananlara daha çok değer vermiş olmayı dilediğini söylemiş. "Gerçek arkadaşlarım, saçlarım dökülünce bunu hiç

umursamadı." "Jane ameliyattan sonra ziyaretime geldi ve yaramı fark etmedi bile!"

6. Çocuklar en değerli özellik olarak hep iyi ve nazik olmayı ön plana çıkarmış. "Büyükannem bana çok iyi davranıyor. Hep beni gülümsetiyor." "O iyi huylu hemşirenin burada olması hoşuma gidiyor. Çok kibar. Çektiğim acıyı hafifletiyor."
7. Hemen hepsi kendilerini güldüren insanları sevdiğini söylüyor. "O sihirbaz tam bir şapşal! Pantolonu yere düşünce gülmekten öldüm!" "Babam yüzünü garip şekillere sokuyor ve çok hoşuma gidiyor!" Kahkaha acıyı azaltır.
8. Son olarak, hepsi aileleriyle geçirdikleri zamanlara kıymet veriyor. Onlar için bundan daha önemli bir şey yok. "Annem ve babam süperdir!" "Kız kardeşim beni her zaman sımsıkı kucaklar!" "Beni hiç kimse annemin sevdiği kadar sevemez."

Kıssadan hisse: Kibar olun. Daha çok kitap okuyun. Ailenizle zaman geçirin. Şaka yapın. Köpeğinize sarılın. Sizin için özel olan o insana onu sevdiğinizi söyleyin. Bunlar, çocukların "Keşke daha çok yapabilseydim" dediği şeyler. Kalan her şey ıvır zıvır. Ha... Bir de dondurma yiyin.

İkinci bölüm

Erken çocukluk dönemi

Erken çocukluk yıllarının önemini anlatmak mümkün değil!

Çocuk gelişimiyle ilgili elimizdeki temel bilgilerden biri şu: İlk 5 yıl hayatımızın en belirleyici dönemi! Aklınıza gelen herhangi bir gelişim alanını, istediğiniz bir beceriyi seçin, o alanda çocukların gelişimine dair en son araştırmalara bakın. Tüm bu araştırmalarda ortak bir özellik göreceksiniz: Gelişim bizim daha evvel tahmin ettiğimizden daha erken başlıyor! Tüm veriler vurguyu ilk yıllara yapıyor. Erken derken kastımız tabii ki ilk 3 yıl ya da kabaca okulöncesi yıllar, ama pek çok bakımdan gelişme çocukların ana rahminde başlıyor. Prenatal dediğimiz doğum öncesi dönemin çocuk gelişimi için kritik önemi var. Annenin hamilelik sürecinde yediği, içtiği, neler hissettiği bile çocukların gelişim sürecinde tahmin ettiğinizden çok daha fazla rol alıyor.

Doğum sonrası dönem ise çocukların hem fiziksel hem bilişsel hem de duygusal olarak en hızlı dönüşümü tecrübe ettiği yılları kapsıyor. Bu nedenle başta çevre, sonra anne baba etkisinin en çok hissedildiği dönem de bu. Zira evdeki beslenme alışkanlıklarından huzur ortamına olup biten her şey çocukların gelişimini etkileyebiliyor bu dönemde. Zihinsel gelişim bakımından da benzer şekilde çocukların çevreden en fazla etkilendiği dönem bu. Nitekim bu dönemdeki çocuk beynini tarif etmek için bilim insanlarının kullandığı metafor süngerdir. Çocuk beyni sünger misali etraftaki her şeyi içine çeker çünkü. O nedenle anne baba etkisi, çevre etkisi ve okulöncesi eğitime geldiğimizde eğitimci ve eğitim kalitesi etkisinin zirvede olduğu gelişim döneminden söz ediyoruz.

Bu bölümü yazarken amacım, ilk bölümde çizdiğim genel kuramsal çerçeve dahilinde anne baba ve eğitimcilere çocukların fiziksel, zihinsel ve duygusal gelişimlerini destekleyecek araçları sunmak. Tahmin edeceğiniz gibi elinizdeki kitabın boyutları ve benim uzmanlığımın sınırları nedeniyle pek çok önemli konuya burada değinme imkânım yok. Bu bağlamda mesela tuvalet iletişimi, beslenme ve uyku düzeni gibi çok temel konulara girmeyeceğim. Bu konularda piyasada pek çok iyi kaynak mevcut. Benim amacım, daha ziyade zihinsel ve duygusal gelişime odaklanmak. Bu iki alan özellikle çocukların sonraki gelişim evrelerinde temel yapıtaşlarını oluşturuyor malum. Elimizdeki veriler, her iki alanda da yetişkinlerin pek çok şeyi değiştirebileceğini gösteriyor. O nedenle zekâyı artırmaktan iki dilli eğitime, benlik kontrolünden duyguların yönetimine kadar pek çok alanda bilimsel olarak faydası kanıtlanmış uygulamaları anlatacağım. Başlayalım.

EBEVEYNE NOT

Eşya değil, hatıra biriktirin!

İnsanların mutluluğu için hangisi daha önemli: Deneyim mi, materyal mi? Bu soruya yanıt vermek için ilginç bir deney yapmış Amit Kumar ve arkadaşları. Bir deneyim içeren alışveriş ile bir materyal satın almayı içeren alışveriş arasındaki farkın insanda bıraktığı etkiyi ölçerek işe başlamış. Deneyim derken bir şeyi "yapmak", yani tatile gitmek, tiyatro ya da konsere gitmekten söz ediyoruz. Materyal derken kastedilen ise bir ürünü "satın almak", yani yeni bir araba ya da yeni bir bilgisayar sahibi olmak. Araştırmacılar bir dizi deneyle bu iki tarz alışveriş arasında mutluluk, heyecan ve keyif bakımlarından nasıl bir fark olduğunu ölçmüş. Grafikte de göreceğiniz gibi, uluslararası bir örneklem üzerinde yapılan bu deneyde bir deneyime yatırım yapanlar bir ürün satın alanlara göre hem kendilerini daha mutlu hissediyor hem daha çok heyecan duyuyor hem de bu alışverişten daha çok keyif alıyor. Ben bu araştırmayı okuyunca işin bir de çocuk yetiştirme boyutunu düşündüm.

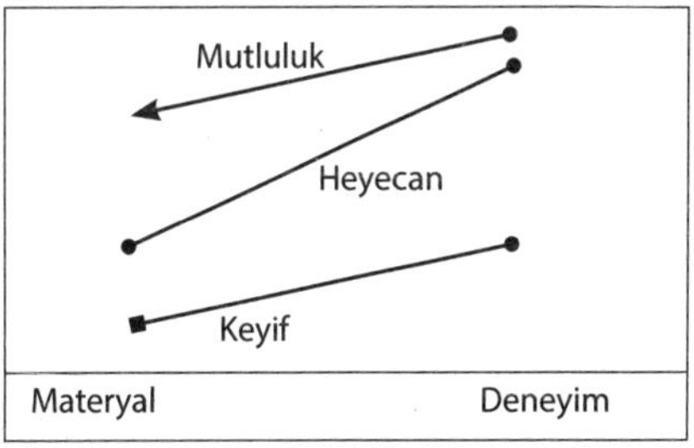

Pahalı oyuncak değil

Çocuk gelişimi üzerine yapılan pek çok araştırma, aslında hep aynı şeyi söylüyor: Ebeveyn ile çocuk arasındaki kaliteli zaman paylaşımının yerini alan başka hiçbir şey yok. O nedenle yukarıdaki çalışmanın ortaya koyduğu temel prensip belki de en çok çocuklar için geçerli. Onlar da sahip olmaktan ziyade yapmakla mutlu oluyorlar. Temel ihtiyaçların ötesinde çocukların en çok ihtiyaç duyduğu şey ebeveynleriyle geçirdikleri kaliteli zaman, yani deneyim paylaşımı. Sadece ebeveynleriyle değil elbette; akranlarıyla, öğretmenleriyle ve diğer yetişkinlerle geçirdikleri zaman için de aynı kural geçerli.

Gez, konuş, oyna!

Özellikle ebeveynlere naçizane önerim, materyal yerine tecrübeye yatırım yapmaları. Çocuklar büyüyünce kendilerine alınan pahalı oyuncakları değil onlarla geçirdiğiniz kıymetli zamanları hatırlıyorlar. Para biriktirip yeni bir araba almaktansa o parayla iyi bir tatile gitmek uzun vadede hem aile için hem de çocuklar için daha kıymetli bir yatırım. Bir şey "yapmak" bir şeye "sahip olmaktan" daha çok mutlu ediyor aileleri. Özetle, bu kitapta sürekli altını çizdiğim gibi ebeveynlere notum çok basit: Çocuğunuzla konuşun, oynayın, gezin!

Okulöncesi dönemde zekâyı artırmanın 3 yolu!

Yukarıdaki girişin ardından gelin çocuklarda zekâyı artırdığı kanıtlanan üç temel uygulamaya odaklanalım. Okulöncesi dönemin zihinsel gelişimde kritik bir önemi olduğunu ifade etmiştim. Peki, bu dönemde biz yetişkinler, yani ilk yıllarda ebeveynler ve sonraki yıllarda okulöncesiyle birlikte çocuklarımızı teslim ettiğimiz eğitimciler, zihinsel gelişim sürecine nasıl katkıda bulunabiliriz? Bu soruya yanıt vermek için yapılmış yüzlerce araştırmadan oluşan bir meta-analiz bizim bölümden üç meslektaşım tarafından yayımlandı. Meta-analiz bir nevi istatistiki özet anlamına geliyor. Aynı konuda yayımlanan yüzlerce araştırmayı alıp özet sonucuna bakıyorsunuz. Bu önemli çalışmanın altında kendisi de Dweck'in öğrencisi olan Joshua Aronson, Amazon'un sahibi Jeff Bezos'un ailesi adına açılan kürsüyü yöneten Clancy Blair ve doktora öğrencilerimizden John Protzko'nun imzası var. Yayımlandığı dönem yüzlerce habere konu olan bu makalenin güzel tarafı, tam da endişeli ebeveynlerin aradığı türden somut bir soruya yanıt vermesi: Ne yaparsak çocuklarımızın zekâsını artırırız?

Perspectives on Psychological Science adlı oldukça önemli bir akademik dergide çıkan araştırmaya göre, çocukların zekâsını artırdığı bilimsel olarak desteklenmiş üç uygulama var: balıkyağı diyeti, erken yaşta diyaloğa dayalı okuma pratiği ve kaliteli bir okulöncesi eğitime katılım! Tek tek her birini inceleyelim.

1. Diyet

Protzko, Aronson ve Blair'ın araştırmasında belki de ebeveynlerin en kolay uygulayabilecekleri somut bulgulardan biri diyetle ilgili olan. Bu sonuç çok net. Doğum öncesi dönemden başlayarak çocukların beslenmelerinde "polyunsaturated" yağ asitleri, Omega-3'ün olması çocukların zekâsını standart bir IQ testinde yaklaşık olarak 3,5 puan artırıyor. Ortalamanın 100, standart sapmanın da 15 olduğunu düşünürseniz bu 3,5 puanlık artış hiç de yabana atılacak bir kazanım değil. Bu yağ asitleri çocukların zekâ gelişiminde temel olan sinirsel hücrelerin gelişimine katkıda bulunuyor. Öte yandan B-kompleks vitaminlerin, riboflavin, tiamin, niasin ya da çinko gibi besin destekleyicilerin ise zekâyı artırdığı yönünde bir veri yok. Yani bizim Karadenizlilerin hakikaten bir bildiği varmış. Balık diyetine devam.

2. Etkin diyalog

Meta-analizden çıkan ikinci önemli sonuç da ebeveyn ile çocuk arasındaki diyaloğun kalitesi. Etkileşimli (diyaloğa dayalı) okuma, yani ebeveynlerin çocuklarıyla karşılıklı konuşarak ve soru-cevaplarla kitap okumaları zekâyı 6 puanın üstünde artırıyor. Ama bu etkinlik 4 yaşına kadar olan çocuklarda görülüyor. Yani eğer çocuğunuza kitap okumak için onların da kitap okur yaşa, hatta kitap tutar yaşa gelmesini bekliyorsanız biraz geç kalma riskiniz var. Doğumdan itibaren karşılıklı diyalog ile okuma aktivitesinden söz ediyorum. Tıpkı deneylerde diyalog kurulan çiçeklerin, şarkı söylenen çiçeklerden biraz daha gür açması gibi diyalog kurulan çocukların da kelime hazinesi ve algı seviyesi daha erken açılıyor.

Muhatap alınan, inisiyatif verilen çocukların beyinleri zamanla fiziksel olarak da akranlarından ayrışıyor.

3. Okulöncesi eğitim

Araştırmadan çıkan üçüncü veri de net: Çocukları evde tek başına yetiştirmek yetmiyor. Okulöncesi eğitime katılım özellikle dar gelirli aileler için büyük bir fayda sağlıyor. Yapılan meta-analize göre, okulöncesi eğitime katılan çocukların zekâsı akranlarından biraz daha ileri oluyor. Somut olarak söylersem, dar gelirli bir aileden gelen çocuğun okulöncesi eğitime devam etmesi, o çocuğun zekâsını ortalama olarak 4 puan artırıyor. Eğer söz konusu okulöncesi kurum, kaliteli yani çocuğun her türlü gelişimini odağa alan kapsamlı bir yerse artış 7 puandan fazla oluyor. 7 puan neredeyse yarım standart sapma ediyor. Çok ciddi bir artış bu! Bu meta-analiz çalışması, okulöncesi eğitimin erken ya da geç başlamasının zekâya katkısı yönünde bir bulguya rastlamamış. Önemli olan, okulöncesi eğitimin süresi ve kalitesi, daha erken yaşta başlaması değil.

Araştırma yayımlandığında John Protzko'ya neden böyle kapsamlı bir analize giriştiklerini sormuştum. "Amacımız zekâyı artırmak için yapılan çalışmalarda neyin işe yarayıp neyin işe yaramadığını ortaya çıkarmak. Bizim analizimizde ele aldığımız tüm çalışmalar zekâyı artırmak için uygulanan ve iyi yürütülmüş deneylerden oluşuyor" diye cevap vermişti.

Araştırmayı yürüten ve Türkiye'de benimle birlikte pek çok konferansa da katılan, *Social Animal (Sosyal Hayvan)* kitabıyla tanıyor olabileceğiniz Joshua Aronson da aynı fikirde: "İnsan zekâsının gelişim özelliklerini anlamaya çalışıyoruz ve zekânın her gelişim aşamasında nasıl destekleneceğini ortaya çıkarmak istiyoruz. Bu araştırma zekânın değiştirilebilir, dönüştürülebilir bir şey olduğunu göstermesi bakımından önemli bir adım."

Yukarıda altını çizdiğim gibi, başta zekâ olmak üzere tüm temel beceri ve yeteneklerde gelişim potansiyeli emek ve çabaya bağlı. Bunun tersine inanmak, hem anne babalar hem de eğitimciler için kendi potansiyellerini değerlendirmekten kaçınmak demek. Diyet konusu çok net olduğu ve uzmanlık alanım dışında kaldığı için bu kitapta detaya giremeyeceğim. Ancak diğer iki alanda, yani etkin diyalog ve okulöncesi eğitim konusunda atılması gereken adımları biliyorum. Sırasıyla inceleyelim.

Eve arsaya değil, kelime hazinesine yatırım yapın!

Mesleğim gereği zaman zaman çeşitli becerileri ölçmek için farklı araçlar geliştiriyorum. Bunlardan ilki, öğretmen ve psikologların farklı kesimlerden gelen çocuklara yaklaşımını ölçen İngilizce bir testti. Amerika'da yaygın olarak kullanılan bu testten öğrendiklerimi yıllar sonra Türkiye'de okula hazırlık ölçeği geliştirirken kullandım. Hatırlarsınız bundan birkaç yıl önce okula başlangıç yaşı 72 aydan 60 aya indirilince "Acaba çocuklarımız okula hazır mı?" sorusu herkesin gündemindeydi. Ben de o dönemde Hacettepe Üniversitesi'nden meslektaşım Prof. Dr. Tülin Güler Yıldız ve kendisi de yurtdışında yüksek lisansını yapmış bir okulöncesi eğitimci olan kız kardeşim Derya Şirin'le oluşturduğumuz çalışma ekibimizle bir okula hazırlık testi geliştirdik. Bu testi hazırlarken "Aman bir şeyi kaçırmayalım" kaygısıyla Bahçeşehir Üniversitesi'nde uluslararası bir toplantı organize etmiştim. İstanbul'da yaptığımız iki günlük çalıştayda okulöncesi eğitim uzmanları, çocuk gelişiminin duayenleriyle sohbet ederken kendisi de Virginia Üniversitesi Eğitim Fakültesi Dekanı olan Prof. Dr. Robert (Bob) Pianta her şeyi bir cümleyle özetlemişti: Erken çocuklukta zihinsel becerileri ölçmenin en kestirme yolu, çocukların kelime hazinesini ölçmektir!

Zekâ testi geliştirenlerin, zekâ üzerine kuramsal çalışma yapanların hemfikir olduğu bir nokta bu: Okulöncesi gelişim döneminde zekâ dediğimiz şey aslında kelime hazinesidir! Bu çağda kelime hazinesi zengin olan çocuklar hem kendilerini daha iyi ifade ediyor hem ifade edileni daha iyi anlıyor hem de daha yaratıcı bir şekilde akıl yürütebiliyor. Peki, madem kelime hazinesi bu kadar önemli, o halde çocuklar nasıl kazanıyor bu kelime hazinesini? Biz anne baba ve eğitimciler olarak çocukların kelime hazinesinin gelişmesine nasıl katkıda bulunabiliriz? Bu sorulara yanıt vermeden bir noktanın altını çizeyim. Kelime hazinesi demek, çocuğun söyleneni, yazılanı anlaması da demek. Yani illa o kelimeyi kullanması değil, kullanıldığı yere göre anlaması da işin içinde.

Çocuğun başarısından başka derdi olmayan ebeveynlerin iyi niyetini suiistimal eden bir "zekâ testi" sektörü var. İşini etik yapan bir psikolog, zekâ testinden çıkan puanı anne babaya vermez. Bu testler çok nadir durumlarda işe yarar!

Zamanlama önemli!

Daha evvel de ifade ettiğim gibi, çocuk gelişiminde her becerinin hızlı bir şekilde yerleştiği "kritik gelişim dönemi" vardır. Gelişimin büyük oranda gerçekleştiği bu kritik dönemleri çok iyi değerlendirmezseniz kaçan fırsat bir daha kolay kolay geri gelmez. Beyin gelişimi için bu kritik dönemin ilk 3-4 yıl olduğunu hatırlarsak, çocuğumuza bu dönemde özellikle daha fazla ilgi göstermek zorunda olduğumuzu da kavramış olacağız. Çocuklarımızın zihinsel gelişimini dert ediyorsak, onların akademik olarak okul hayatlarında başarılı olmasını istiyorsak, okula başlangıçtan sonra işe koyulmak doğru bir adım değil. Yapmamız gereken, çocuk doğduğu andan itibaren, yani kritik dönemde, onlara ihtiyacı olan desteği sunmak. Çocuklarımız için yapacağımız en kıymetli akademik yatırım bu ilk yıllarda yaptıklarımız. Ortaokul, lise ve tabii ki üniversitede yapacaklarımız da önemli ama bu ilk yıllar kadar önemli değil. "Peki, tam olarak ne yapmalıyız, hocam?" derseniz size vereceğim büyük bir ödev var. Hazırsanız başlayalım.

30 milyon kelime farkı nedir?

Yukarıdaki soruya yanıt vermeden evvel klasik bir çalışmayı sizinle paylaşmak istiyorum. Evet, Betty Hart ve Todd Risley tarafından gerçekleştirilen meşhur "30 Milyon Kelime Farkı" araştırmasından söz ediyorum. Türkçede de yakın bir zamanda Diana Suskind'in kitabıyla anlatılan bu önemli çalışmayı kısaca özetleyeyim. Hart ve Risley, insan beyninin en hızlı geliştiği dönemde ebeveynlerin ne yaptıklarını anlamak için sıra dışı bir çalışma yapıyorlar. Üç farklı sosyoekonomik seviyeden onlarca aileyi seçip onların evinde belli aralıklarla ses kaydı alıyorlar. Araştırmada, çocuklar üç yıl süreyle her ay bir saat boyunca izleniyor. Araştırma tamamlandığında görülüyor ki gelir seviyesi ne olursa olsun çocuklar birbirine çok benziyor. İlk bakışta bir fark yok. Ancak bir alan farklı; orada çok ciddi bir fark var bu üç grup arasında. Belli bir kesimde çocuk ile anne baba arasındaki diyalog çok zenginken başka bir grupta bu diyalog oldukça sönük. Daha teknik olarak söylersek, gruplar arasında gün içinde paylaşılan toplam kelime sayısı ciddi bir fark arz ediyor. Peki, tam olarak ne kadar fark var?

Bugün artık klasik bir çalışma kabul edilen 30 Milyon Kelime Farkı araştırmasının en önemli tablosunu sonraki sayfada paylaşıyorum. Grafikte de göreceğiniz gibi, varlıklı ve eğitimli ailelerden gelen çocuklar 3 yaşına geldiğinde toplam

45 milyon kelime, orta eğitim ve gelir seviyesine sahip ailelerde yetişen bir çocuk ise ortalama 30 milyon kelime duymuş oluyor. Şimdi sıkı durun, düşük eğitim ve gelir seviyesinden gelen bir çocuk ise 3 yaşına gelene kadar yalnızca 15 milyon kelime duyuyor. Yani alt ve üst grup arasındaki fark tam "30 milyon kelime."

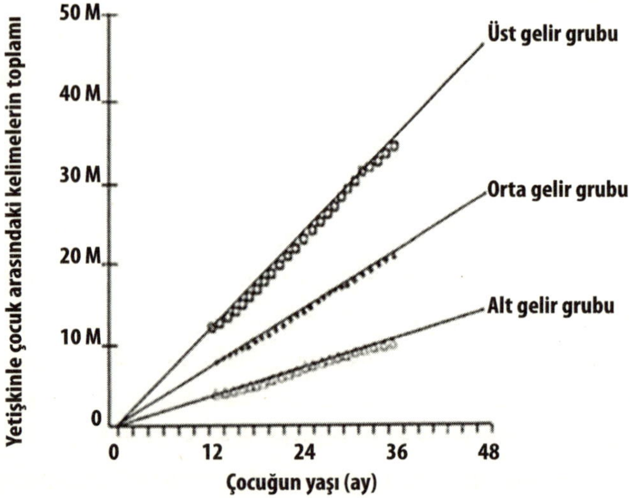

Literatüre "30 milyon kelime farkı" olarak giren bu fenomenin nedeni, üst sosyoekonomik seviyeden ailelerin çocuklarıyla daha çok "kaliteli" zaman geçirmesi, daha çok diyalog kurması ve o diyaloglarda daha çok kelime sarf etmesi. Son yıllarda yapılan ek çalışmalarla da biliyoruz ki sadece diyalog değil, diyalogda kimin kaç defa sıra aldığı da önemli. Sohbeti hep anne baba mı yönlendiriyor, hep çocuk mu yönlendiriyor yoksa taraflar birbirlerine sıra veriyor mu? Son grup diğerlerine göre daha çok kelime sarf ediyor.

Acı olan, ilk 36 ayda ortaya çıkan 30 milyon kelime farkının sonraki yıllara etkisi. Bu fark, çocuk okula başladığında iki grup arasında okula hazırlık farkına dönüyor. Daha çok kelimeye aşina çocuklar işte bu yüzden okula başladıklarında öğrenmeye hazır oluyorlar. Kelime hazinesi geniş olan çocuk, arkadaşlarından birkaç adım önde başlıyor. Çünkü o çocuk öğretmenin ne dediğini daha çabuk anlıyor, diğer grup ise yönergeleri izlemekte zorlanıyor. Sonraki yıllarda da eğer okul çok olağanüstü bir başarıya sahip değilse ya da Buket Uzuner'in o çok sevdiğim cümlesindeki gibi çocuk çok iyi bir öğretmenle tanışma mucizesini yaşamadıysa bu fark artarak devam ediyor!

Çocukların sosyoekonomik seviyesini bugünden yarına değiştirmek mümkün değil. Aslında bu tam doğru bir ifade olmadı. Bu kitabın sınırları içinde kalarak ailelerin sosyal ve ekonomik koşullarını nasıl iyileştirebileceğimiz sorusuna yanıt vermek zor. (Meraklılar için Türkiye'nin bu konuda atması gereken adımları anlattığım *Yol Ayrımındaki Türkiye: Ya Özgürlük Ya Sefalet* adlı kitabımı tavsiye ederim.) Ailelerin eğitim ve gelir seviyesini değiştiremeyiz, ama evde çocuklarıyla ilişkisini değiştirebiliriz. Bu kitabı yazma gayem de bu zaten. O halde gelin, yukarıda sözünü verdiğim ödevin detaylarına inelim. "Çocukların zihinsel becerisini ilk yıllarda nasıl destekleriz?" sorusuna somut bir yanıt verelim.

Diyaloğa başlamak için beklemenize gerek yok!

Çocuklar üzerine yapılan araştırmalarda kesin olan bir diğer nokta da çocuklarla kurulan diyaloğun önemi. Bu anlamda daha çocuk doğmadan onunla diyalog arayışı, doğum sonrası gözle, gülücükle ve sözle diyalog sağlıklı gelişimin olmazsa olmazı. Çiçekler bile gülümsemeye, sözlü diyaloğa karşılık verirken elbette yeni doğan bebeklerin bu sıcak diyaloğa karşılıksız kalmasını bekleyemeyiz. İlk yıllarda ninnilerle, fiziksel temas ve göz temasıyla başlayan bu diyaloğu daha sonraki yıllarda konuşarak, beraber oynayarak ve ileriki yıllarda karşılıklı diyalogla zenginleştirin.

Bu konu önemli olduğu için derdimi bir araştırmayla anlatayım. Harvard ve MIT'den Rachel Romeo ve Grover M. Hermann tarafından yayımlanan araştırma, hem ilk 36 ay hem de sonraki yaşlarda, yani okulöncesi dönemde ne yapılması gerektiğine dair çok net bir fotoğraf ortaya koyuyor. İlk 36 ay diyalog şart ve bunun mümkünse kitaplar aracılığıyla olması gerek.

Ya sonrası? Araştırmaya göre, 4-6 yaş arası çocuklar için evde konuşulan kelime sayısı, artık erken yaşlarda olduğu gibi zihinsel gelişim için tek başına bir anlam ifade etmiyor. Bu yaşlarda zihinsel gelişimi destekleyen temel faktör, çocukların diyaloğa yön vermesi. Yani diyalogda çocuğunuza ne kadar sıra geliyor? Direktif mi veriyorsunuz, yoksa çocuğunuza kendini istediği gibi ifade etme fırsatı mı sunuyorsunuz?

Araştırmacılar bu sorulara yanıt bulmak için çocuklara bir ses kayıt cihazı takıp onları iki gün boyunca inceliyorlar. Sonra da beyin dalgaları üzerinden bir laboratuvar testi yapıyorlar. Bu testlerde ortaya çıkıyor ki ebeveynleriyle kurdukları diyaloğa yön veren çocukların beyinlerindeki Broca alanı çok daha aktif çalışıyor. Yani söz alan, muhatap alınan çocukların beyinleri zamanla fiziksel olarak da akranlarından ayrılıyor. Etkin diyalog ortamında yetişen çocuklar, akranlarına göre hem zihinsel beceri testlerinde hem de akademik alanda akranlarına göre çok daha başarılı oluyor. Özetle, eğer çocuğunuzun okul hayatında başarılı olmasını istiyorsanız sihirli bir formüle ihtiyacınız yok. Yapmanız gereken, onları daha çok dinlemek, onları muhatap almak. Kendini ifade etmeyi öğrenen çocuk, her şeyi daha kolay öğreniyor.

Babalara iş düşüyor!

Bu aşamada sözü babalara da getirmek istiyorum. Özellikle ilk üç yıl Türkiye'de sadece annelere bırakılmış durumda. Bunu sadece kişisel gözlemlerimle değil, araştırma verileriyle de söylüyorum. İlk bölümde sözünü ettiğim AÇEV Babalık Araştırması'nın bir başka grafiğine bakalım. O araştırmada benim en çok şaşırdığım veri, 0-3 yaş arasında da babaların çocuklarının hayatında diğer yaşlara göre çok daha az etkin olması. Şaşırdım, çünkü çocuk gelişiminin en hızlı olduğu, ebeveyn etkisinin en kalıcı olduğu bu dönemde, babalar yine resimde yok!

Son bir ay içinde çocuğunuzla aşağıdakilerden hangilerini yaptınız? (0-3 yaş)

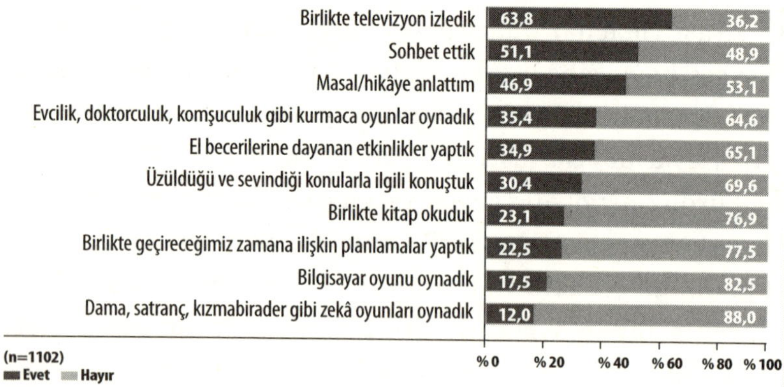

Grafikte de gördüğünüz gibi babaların yüzde 51'i 0-3 yaş grubu çocuklarıyla sohbet ederken, bu oran 4-10 yaş grubu çocuklarında yüzde 86. Benzer şekilde, 0-3 yaş grubundaki çocuklarıyla kitap okuyan babaların oranı yüzde 23 iken, 4-10 yaş grubunda yüzde 48. Oyun için harcanan zamanlar da çok çok düşük. Oysa bu oranlar tam tersi olmalı. Yani bir baba eğer çocuğuyla vakit geçirmek istiyor, onunla sağlıklı bir bağ kurmak istiyorsa buna doğumla birlikte başlamalı. Ve evet, bir tercih söz konusu ise en çok 0-3 yaş arasında çocuğuyla ilgilenmeli. Ona okumalı, ona masallar anlatmalı, onunla oynamalı. Çocuk yetiştirme sadece anneye bırakılacak bir sorumluluk, çocuk belli bir yaşa geldikten sonra devralınacak bir görev değil.

Okulöncesi kitap seçim kılavuzu

Beyin gelişimini desteklemek için doğumdan itibaren çocukla diyalogdan daha önemli bir şey yok demiştim. Bu diyaloğu kurmanın pek çok yolu var. Ninniler, şarkılar, türküler... Annelerimizden ve nenelerimizden duyduğumuz şeyler. Bunlar çok gerekli ama yeterli değil. Yukarıda sözünü ettiğim 30 milyon kelime açığının kapanması için çocuğun dünyasına olabildiğince erken yaşta yeni kavramların, yeni kelimelerin girmesi gerekiyor. Bunun en kestirme yolu da çocuk doğduğunda evde kitaplığının hazır olması. Çocuğun kitaplarla tanışmasını ne kadar erken yaparsak o kadar iyi. Bu noktada maalesef ülke olarak çok iyi bir durumda değiliz, zira evlerin yarısından fazlasında (yüzde 54) toplam 25 ya da daha az kitap var. Bu kitapların önemli bir kısmı da ders kitabı olsa gerek, zira bu veri MEB tarafından toplanan TİMSS çalışmasından, ki o çalışmaya sadece çocuğu okula giden aileler katılıyor.

Çocukların zihinsel gelişimini desteklemek, onları okula daha iyi hazırlamak için yapmamız gereken en temel uğraş onlarla kitap okumak. Peki, biz bunu ne kadar yapıyoruz? AÇEV'in ebeveynlerle yaptığı araştırmada, okulöncesi yaşta çocuğu olan ebeveynlere tam olarak neler yaptığı sorulduğunda ilk sırada televizyon izlemek çıkmıştı. Evlerinde çocuklarına kitap okuyanların oranı yüzde 20'leri geçmiyor. Yani her 5 ebeveynden yalnızca 1'i çocuğuna kitap okuyor! Bunun bir nedeni, zihinsel gelişim için kitap okumanın önemi konusunda bilgi eksikliği. Bir diğeri nedeni ise evlerdeki kitap eksikliği. Malum, biz çok okuyan bir ülke değiliz.

Türkiye'deki çocuk kitapları pazarına ilk merakım kendi çocuğum doğduğunda başlamıştı. O zaman kitapçı kitapçı dolaşıp oğluma Türkçe kitap aramış, epey de düş kırıklığı yaşamıştım. Bulduğum kitaplar ya gelişimsel olarak yeni doğanlar için uygun değildi ya da yabancı dilde yazılan kitapların kötü bir çevirisiydi. Çünkü yabancı bir dilden çevrilen kitapların çoğunda ne hayvanlar bizim hayvanlara, ne evler bizim evlere benzer... Bizden hikâyelerle, bizi anlatan çocuk kitaplarının kıtlığını görünce oturup eşimle bir kitap bile yazmıştık... (Bu kitap sonradan Türkçe, İngilizce ve Arapçaya çevrilip on binlerce çocuğa ücretsiz olarak dağıtıldı, yakın bir zamanda da yeni Türkçe baskıları yapılacak.)

Çok zengin bir yetişkin edebiyatımız olmasına rağmen çocuk edebiyatımız hâlâ cılız. Yeni doğanlar için yapılan çalışmalar ise birkaç istisna dışında tam bir çeviri mezarlığı.

Bu anlattıklarım on beş yıl evveldi. Aradan geçen zamanda ne değiştiğini anlamak için geçen yıl katıldığım TÜYAP Kitap Fuarı'nda saatlerce çocuk kitabı stantlarında gezdim. Aradan geçen zamanda kitaplar çoğalmıştı ama bir çocuk kitabı yayıncısına, "Yeni doğan bebekler için kitap var mı?" diye sorduğumda aldığım yanıtlar içler acısıydı. Pek çok görevli bırakın çocuk kitabı önermeyi, soruyu bile anlamadı. "Yeni doğan çocuğa kitap okunmaz" diyen bile çıktı. Bulduğumuz birkaç kitap ya o yaş çocuğa" uygun değildi ya da çeviriydi. Ancak bütün bu karamsar tabloya rağmen biraz vakit harcadığınızda okulöncesi dönem için iyi Türkçe kitapları bulmanın artık eskisi kadar imkânsız olmadığını göreceksiniz. Sadece biraz emek harcamak, seçici olmak gerekiyor. Bu noktada hem yayıncılara hem de anne baba ve eğitimcilere yardımcı olmak adına, kendisi de bir okulöncesi kurum yöneten ve uzunca yıllar bizim çocuklar dahil pek çok çocuğa kütüphane kuran Derya Şirin Hoca'yla hazırladığımız aşağıdaki üç kriter, okulöncesi dönem kitaplarını değerlendirirken işe yarayabilir.

Okulöncesi kitaplarda bakılması gereken 3 kriter

1. Gelişim seviyesine uygun kitap

Çocuğunuza kitap seçerken ilk bakmanız gereken kriter, çocuğun yaşına ve gelişim seviyesine uygunluk. Örneğin, 0-36 ay arası dönem için seçilen kitaplarda görsellik ön planda, yazı çok arka plandadır. Ancak 36-66 ay arası dönem için durum tersine döner. Bu çağda görselliğin yerini yazı, yani hikâye alır. O nedenle ilk yıllardaki kitaplarda neredeyse hiç yazı olmaması gerekiyor. İlk 6 ay için seçilen kitap kalın kartondan olmalı. O kitabın eninde sonunda çocuğun ağzına gideceğini unutmayın. Bırakın kitapla haşır neşir olsun çocuğunuz. İlk kitapların siyah-beyaz olması da gelişimsel olarak uygun, zira renk algısı henüz tam oturmuş olmuyor yeni doğanlarda. Özellikle ilk bebek kitaplarının ses çıkaran (elektronik değil) kumaş ya da naylon materyalden olmasına özen göstermeli. Yeri gelmişken elektronik kitapların, düğmeye basınca ses çıkaran pilli kitapların özellikle bu evrede yarardan çok zararı olacağını ifade etmeliyim.

2. Yanıt veren değil, soru soran kitap

Aylar ilerledikçe bebeğin odaklanma kapasitesine göre yeni kitaplara geçilmesi gerekiyor. Ama bu durumda da bir paragraf değil birkaç cümleyi geçmeyen metinler olmalı her sayfada. Çocuk, bir sayfaya baktığında yazıdan çok görsel ve boşluk görmeli. İyi bir okulöncesi kitabı çocukla sizin aranızda sorular üzerinden bir muhabbet başlatmalı. Eğer tek bir soru sormadan kitabı bitirdiyseniz bilin ki elinizdeki kitap özellikle ilk üç yıl için ideal değil. Çünkü bu çağda kitap, sizi çocuğunuzla buluşturan bir araç olmaktan öte bir şey değil. O araç üzerinden çocuğunuza olan sevginizi ifade ediyorsunuz. Bu duygusal alışverişe hitap eden her kitap iyidir.

Yaşar Kemal'in Üç Anadolu Efsanesi *kitabını herkes çocuğuna okumalı... Köroğlu, Karacaoğlan, Alageyik... Her yaştan çocuk okumalı bu kitabı. Bence birden çok kere.*

Bu arada yeri gelmişken, çocuklara kitap seçerken ders verme hastalığından kurtulmamız gerekiyor. Maalesef bizdeki kitapların temel sıkıntısı bu. Genelde kitaplardaki konu ve olaylar hikâyenin sonunda mesaj ve dersle bitiyor. Oysa bu dönemde okumanın amacı bir şey öğrenmek değil, keyifli vakit geçirerek kelime hazinesini genişletmektir. Merak etmeyin, çocuğunuz öğrenmesi gereken "dersleri" yeri ve zamanı geldiğinde zaten öğrenecek. Birkaç yıl sonra kendi kitabını kendisi seçecek zaten, ama oraya gelmesi için önce kitabı sevmesi lazım. Sizin okulöncesi yaşlarda çocuğunuza yapacağınız en kalıcı "ders", onlarla birlikte kitaplar üzerinden keyifli vakit geçirmek, hayat boyu sürecek bir ilişkiye sağlam bir duygusal temel kurmaktır. Sonu mesaj kaygısıyla biten kitapların bir diğer sorunu da çocukta tekrar okuma arzusunu yok etmeleri. Oysa bu yaş çocuklarına okunan hikâyenin sonu açık uçlu olmalı, çocukta kendi fikrini yürütebileceği bir bitiş hissi yaratmalı. Yani hikâye, sonuç değil, hayal odaklı olmalı.

3. Çocuğun ayağını yerden kesen kitap

Çocuk 3 yaşını geçtikten sonra hikâyeleştirme daha çok önem kazanıyor. Masallar, bir sayfadan ötekine devam eden anlatılar bu dönemler için ideal. Bu anlamda iyi bir hikâye, yani akışı olan, çocuğun hayal dünyasını bir yerden alıp başka bir yere götüren hikâyeler tercih edilmeli. Bu da şu demek: İyi bir kitap çocuğun ayağını yerden kesmeli. Türkçe kitaplar içinde bu döneme dair çok güzel örnekler bulunuyor. Buket Uzuner, Ahmet Ümit, Ahmet Büke gibi usta yazarların bu çağ çocuklar için yazdığı harika kitaplar var. 0-36 ay kitaplığında gördüğümüz kıtlık 3-6 yaş döneminde yok. Fakat bu dönem kitaplarının bir kısmı ciddi manada sorunlu. Evet, 3-4 yaşındaki çocuğa hayatın bütün derslerini bir çırpıda vermek isteyen kitaplardan söz ediyorum.

Diyaloğa dayalı okuma kılavuzu

0-36 ay döneminde çocukla kitap okumak çocuğunuza yapacağınız en kıymetli yatırımdır.

Kitapları seçtikten sonra dert etmemiz gereken ikinci konu ise kitap okuma tekniği. Malum, çocuğa kitap okumakla yetişkinlerin kitap okuması aynı şey değil. Çocuğa kitap okumanın da etkili ve etkisiz yolları var. Hatta bu işi abartıp kaş yaparken göz çıkarma yolları bile var. Yani kitapla çocuğu tanıştıracağız derken onları kitaplardan tamamen soğutmak da olası. O nedenle sadece kendi bildiklerimle yetinmedim. Yıllardır anne babalarla kitap okuma çalışması yapan ve bu konuda dünyaca bilinen araştırmalara imza atan sevgili meslektaşım Dr. Gigliana Melzi'ye sordum. Kendisi ömrünü bu işe adamış, dil gelişiminde uzman biri.

Yeni doğan bebek sizin ne okuduğunuzu da ne söylediğinizi de tam anlamıyor. Onun sezdiği tek bir bağ var, o da duygusal bağ. Kitap okuma uğraşı da bu duygusal bağı kurmanın araçlarından biri olduğu ölçüde anlamlı. O nedenle Gigliana'nın söylediği ilk nokta çok önemli. İlk üç yılda çocuğunuza kitap okumak sadece bir bilgi aktarımı ya da kelime paylaşımı süreci değil, aynı zamanda çocuğunuzla kurulan duygusal bir alışveriş sürecidir. Okumayı okumak için, bir sonraki sayfaya geçmek, bir sonraki kitaba başlamak için yapıyorsanız orada yanlış bir şey var demektir.

Uzmanlar, bebeklere ve çocuklara ilk üç yıl içinde kitap

okurken en etkili yöntemin, diyaloğa dayalı okuma yöntemi olduğunun altını çiziyor. Bu yöntemde ebeveyn ve çocuk diyaloğunun bir parçası olarak kitaplar, bir aracı obje işlevi görüyor. Amaç, kitabı, içindeki resimleri ve kelimeleri kullanarak çocukla sözlerle, seslerle, işaretlerle, müzikle, dansla bir diyalog kurmak. Kitap okurken kitaba değil, çocuğa bakmayı şart koşan, çocukla kitapta başlayan ama kitapla sınırlı kalmayan bir muhabbeti açan bir yöntem bu. Çocuk konuşmaya başladığında sorularla gelişen, zenginleşen bir sohbet. Zaten içinde çok az yazı olan kitaplardan söz ediyoruz. Yazı yok ama her sayfada bolca diyalog var. Bu diyaloglar kimi zaman sayfadaki bir görsel üzerinden çıkarılan ilginç seslerle başlar, kimi zaman da bir ritimle. Çocuğun yaşı ilerledikçe bu diyalog da hikâyenin akışına uygun sorularla zenginleşir.

Geleneksel okumada bir kişi okur, bir kişi de dinler. Geleneksel kitap okuma sürecinde yetişkin, kitabı okuyan, aktif bir roldeyken çocuk pasif dinleyici rolündedir. Ancak çocuklara kitap okurken bu yöntem pek işe yaramıyor. Özellikle yeni doğanların kitabı anlaması zaman alıyor. O nedenle çocuklara kitap okumayın, onlarla kitap üzerinden diyalog kurun diyorum. Uzmanların diyaloğa dayalı okuma dediği bu yöntemde yetişkin okur, ama çocuk da sesiyle, mimikleriyle, hatta gözleriyle ve konuşmaya başlayınca da sözleriyle okuma sürecinin aktif bir katılımcısıdır. Amaç, her durumda çocukla bir alışveriş içinde olmak, kuru kuru kitap okumak değil yani. Bu konuda Dr. Cevriye Ergül editörlüğünde yayımlanan ve Dr. Gözde Akoğlu, Dr. Ayşe Dolunay Sarıca ve Dr. Gökçe Karaman Benli tarafından hazırlanan *Etkileşimli Kitap Okuma Programı (EKOP)* adlı kitabı tüm eğitimcilere ve meraklı ailelere tavsiye ederim.

5N1K tekniği

Çocuklara kitap okurken en yaygın kullanılan yöntemlerden biri 5N1K tekniğidir. Bu yöntemde yetişkin, kitabı okurken her bir sayfada duruma göre "Ne, nerede, ne zaman, nasıl, neden ve kim?" sorularını sorarak kitaptan bir diyalog başlatır. Sonrası bazen kitaba bağlı olarak, bazen de kitaptan bağımsız bir diyalog şeklinde devam eder. Amaç, çocuklarla aktif bir diyaloğu başlatmaktır.

Günde kaç dakika okumalı?

Özellikle yeni doğan bir çocukla, kitap üzerinden kurulan diyalog çok kısa tutulmalı. İlk aylarda bu birkaç dakikayla sınırlı olur zaten. İlk yılın sonunda 5, olmadı 10 dakikalık bir okuma etkinliğinden söz ediyoruz. Çocuk büyüdükçe zaten sizi yönlendirir; okumak istiyorsa bir süre sonra kitabı o işaret eder. Çocuklarla ilgili her şeyde olduğu gibi burada da kural, çocukların ilgi odağının birbirinden çok farklı olduğu gerçeğidir. Kimi çocuk 15 dakikaya kadar dikkatini toparlarken kimi çocuk 5. dakikada sıkılabilir. Yani bu anlamda da her çocuk özeldir ve buna göre hareket etmek gerekir.

EBEVEYNE NOT

Çocuklara ikinci dil öğretmenin ideal yaşı

Hiç uzatmadan yanıt vereyim: Çocukların ikinci dil öğrenmesi için ideal yaş, erken yaştır. Eskiden önce anadili öğrensin, sonra başka dili öğrensin mantığı yaygındı, ancak bu tez bilimsel olarak geçerliliğini yitirdi. Fırsatınız varsa çocuğunuza birden fazla dil öğrenme olanağı verin ve bunu 3-4 yaşlarında hatta daha erken yapın. Çünkü erken yaşta birden çok dil öğrenen çocuklar, hem yaratıcılık hem eleştirel düşünme hem de zihinsel esneklik bakımından tek dil konuşan akranlarından bir adım öndeler.

Erken çocukluk döneminde duygusal gelişimin temelleri

Buraya kadar okulöncesinde bilişsel *(cognitive)* gelişime odaklandık. Şimdi dilerseniz sosyal ve duygusal gelişime geçelim. Daha evvel ifade ettiğim gibi, bu iki alan, yani zihinsel gelişim ve duygusal gelişim birbiriyle etkileşim halinde gerçekleşiyor. Biri diğerinden bağımsız değil ve ikisi de aynı derecede önemli. Son yıllarda ortaya çıkıyor ki, duygusal gelişim sağlıklı bir şekilde ilerlemezse zihinsel gelişim de bundan çok ciddi olarak etkileniyor. Dilerseniz, ilk bölümde sorduğumuz soruya tekrar dönerek ne demek istediğimi anlatayım.

Nedir bir çocuğu hayatta başarılı kılan şey? Zekâ mı, çaba mı? Genetik mi, çevresel etkenler mi? Bu sorulara yanıt vermek için yıllardır binlerce araştırma yapıldı. Ama bu araştırmaların en makbulü bizim boylamsal dediğimiz, bir çocuğu alıp yıllarca onu takip eden çalışmalar. Aynı kişiyi doğumdan ölüme takip edebildiğinizi düşünün... Böyle bir çalışma büyük paralar, yıllarca değişen kadrolar ve müthiş bir öngörü gerektiriyor tahmin edebileceğiniz gibi. Şanslıyız ki bu tarz çalışmalar geçen yüzyılın başlarından itibaren çeşitli ülkelerde başlamış. Neredeyse her ülkede buna benzer "milli" bir veri tabanı oluşmuş durumda. Size o araştırmalardan ikisinin hikâyesini anlatacağım. İlki, 1960'larda başlayan basit bir test, ikincisi de bir gün bizde de yapılmasını umduğum tarzda gerçekten milli bir araştırma.

Lokum testinin sırrı

Stanford Üniversitesi profesörü Walter Mischel 1960 senesinde çocuklarda sabır üzerine araştırma yapmak için adına Marshmallow Test dediği çok basit bir yöntem geliştiriyor. Bir odada çocuğu karşılayan araştırmacı, elindeki lokumu (marshmallow) çocuğa gösterip iki seçenek sunuyor: Bu lokumu hemen yiyebilirsin ama eğer bir süre beklersen sana iki lokum vereceğim. Bekleme süresi yaşa göre değişiyor, genelde 15 dakikayı geçmiyor. Merak ediyorsanız YouTube'da bu konuda pek çok deneyin videosunu izleyebilirsiniz. Araştırmaya katılan 4-6 yaş arası çocukların küçük bir kısmı lokumu hemen yiyor, bekleyebilenlerin ise yaklaşık üçte birlik bir kısmı 15 dakika bekleyip ikinci lokumu hak ediyor. Buraya kadar ilginç bir çalışma ama bu basit testin asıl sırrı, yıllar sonra bu teste ilk katılanları takip edince ortaya çıkıyor.

Lokum testinin bugün tüm çocuk gelişim kitaplarında klasik bir çalışma olarak anlatılmasının nedeni, ilk araştırmadan yıllar sonra Mischel'in geri dönüp o araştırmaya katılanların performansına bakması. Mischel fark ediyor ki 4-5 yaşlarında lokumu hemen yiyenler ile ikinci lokumu bekleyenler arasında çok ciddi fark var. İkinci lokumu bekleyecek kadar sabırlı olan çocuklar hem tüm standart testlerden daha yüksek puan almış, hem daha az kötü alışkanlıklara başvurmuş. Detaylı analiz sonrası görünüyor ki sabır gösteren çocuklar sağlıktan finansal duruma kadar performansı ölçülen pek çok başka alanda da diğer gruptan pozitif olarak ayrışmış... Daha sonra pek çok başka araştırmada da benzer sonuçlar alındığı için bugün Marshmallow Testi her yerde yaygın olarak kullanılıyor. İster obezite oranlarına bakın, ister eğitim ve gelir göstergelerine, sonuç hep ikinci lokumu bekleyenlerin lehine... Peki, nedir bu testi sihirli kılan şey? Bu soruya daha net bir şekilde yanıt verebilmem için ikinci araştırmaya da hızlıca göz atmamız gerekiyor.

Dunedin Araştırması (Dunedin Study)

Yeni Zelanda'da bir üniversite şehri Dunedin. 1972 yılında bir ekibin yaptığı çalışma, şimdi bu kenti tüm dünya literatürüne sokmuş durumda. Çalışma ilk başta iddialı ama kısa vadeli bir hedefle yola çıkıyor: Bir yıl boyunca kentin en büyük hastanesinde doğan tüm çocukların temel sağlık bilgileri kayıt altına alınacak ve bu çocuklar üç yıl sonra yeniden ziyaret edilecek. 1 Nisan 1972 ve 31 Mart 1973 tarihleri arasında Dunedin'deki tek doğum hastanesinde dünyaya gelen 1037 çocukla başlayan bu boylamsal araştırmaya katılan her çocuk, önce 3 yaşında, sonra da belli aralıklarla toplanan verilerle izlenmeye halen devam ediyor. Bugün 50 yaşına merdiven dayayan bu örneklem, bize çocuk gelişimine dair pek çok detaylı veri sunuyor. Şimdi gelin bu araştırmadan çıkan verilerle ilk baştaki sorumuza dönelim: Hayatta başarının sırrı nedir?

Dunedin Araştırması'nın yüzlerce makaleye konu olmuş sonucu var ama bizim yukarıdaki sorumuza yanıt olan kısmı bence en ilginç olan sonuç. Bireylerin hayatında pek çok bakımdan başarıyı doğuran faktör zekâ mı, sosyal sınıf mı, motivasyon mu yoksa bütün bunların dışında başka bir faktör mü? Böylesine kapsamlı bir soruya yanıt vermek için Terrie Moffitt ve arkadaşları 40 yıllık Dunedin verisini incelediğinde karşılarına hiç umulmadık bir faktör çıkıyor: benlik kontrolü! 5 yaşındaki çocukların kendi duygularını kontrol edebilme becerisi onların yetişkin hayatlarındaki başarı durumunu, yukarıda saydığım diğer faktörlerden daha doğru bir şekilde tahmin ediyor. Erken yaşta tespit edilen zekâ ve sosyal sınıf bir noktaya kadar yetişkin başarısını tahmin etmemize yarıyor. Yani evet, daha zeki ve daha varlıklı çocuklar yetişkin olduklarında akranlarından biraz daha başarılı sonuçlar alıyorlar. Ancak benlik kontrolünün etkisi bu faktörlerden çok daha fazla.

Eğitimde başarıdan gelir seviyesine, hapse girme olasılığından mutlu bir evliliğe kadar araştırmacıların baktığı tüm yetişkin göstergelerinde temel belirleyici olan faktör, erken yaşta ölçülmüş olan benlik kontrolü becerisi. Üstelik benlik kontrolünün bu saydığım farklı alanlardaki kalıcı etkisi, hem zengin çocuklar hem de fakir çocuklar için geçerli. Aynı şekilde benlik kontrolünün etkisi, IQ testlerinde yüksek puan alan çocuklar için de düşük puan alan çocuklar için de aynı derecede etkin. Peki, nedir bu benlik kontrolü denilen şey? Öğretilebilir mi?

Benlik kontrolü nedir?

Hem lokum testinin hem de Dunedin Araştırması'nın önemini gösterdiği benlik kontrolü literatürde farklı adlarla ama en çok duygu kontrolü ya da duygu düzenleme becerisi olarak geçiyor *(emotion regulation)*. Kabaca söylemek gerekirse, benlik kontrolü duygularımızı kavrayıp idare etme becerisi demek. Yani içgüdüsel olarak aklımıza eseni yapmayıp sabırla belli bir plan çerçevesinde hedefe yönelmek. Mesela, her acıktığımızda çok tatlı ya da çok yağlı yemekler yemiyorsak bunun sebebi benlik kontrolünün yüksek olması. Dikkat ederseniz bir beceri diyorum, zira çocuklar kendi duygularını tanımayı ve yönetmeyi öğrenebiliyor. O nedenle son yıllarda tüm dünya, yukarıdaki çalışmaların da etkisiyle, harıl harıl çocuklara nasıl daha iyi benlik kontrolü kazandırabiliriz sorusuna yanıt arıyor. Bugün literatürde çok yaygın olarak göreceğiniz duygu yönetimi ve yönetsel beceriler *(executive fun-*

citons) kavramları, bu hummalı arayışın bir sonucu olarak ortaya çıktı. Amaç, çocuklara erken yaşta kendi duygularını tanıma ve kontrol etme becerisi kazandırmak.

Duygu yönetimini nasıl kazandırabiliriz?

Çocuklara duygularını daha iyi yönetme becerisini kazandırmanın kabaca iki yolu var. İlk olarak çocuklarla güvene dayalı sağlam bir duygusal bağ kurmamız gerekiyor. İkinci olarak da onlara iyi bir rol model olmak zorundayız. Eğer siz bir ebeveyn olarak çocuklarınızın ihtiyaç duyduğu anda onların yanında yer alıyorsanız ve onlara kendi duygularınıza hâkim olduğunuzu yaşayarak gösterebiliyorsanız, onlar da bunu size bakarak öğreniyorlar.

Güvene dayalı duygusal bağı kurabilmek için hem sıcak ilgi hem de çocuğun mizacına uygun bir duyarlılık göstermemiz gerekiyor. Bu iki kavram arasındaki ayrımı Bilge Selçuk Hoca bir araştırmasında şöyle tarif ediyor: "Sıcak ilgi" çocuğa fiziksel olarak sarılmak, kucaklamak, öpmek demek. "Duyarlılık" ise çocuğu tanımak, özelliklerine dikkat etmek, kuralları çocuğun mizacına göre değiştirebilmek demek. Çocuklarımıza duygu kontrolü kazandırmanın yolu, hem sıcak ilgi hem de duyarlılık göstermekten geçiyor. Bilge Hoca'nın Türkiye'deki aileler üzerinde yaptığı araştırma gösteriyor ki biz sıcak ilgide iyi ama duyarlılıkta kötü durumdayız. Yani çocuklarımızı sevip okşama, onlarla sıcak temas kurma konusunda iyiyiz. Fakat bunun yanında onları tanıma, oldukları gibi kabul etme ve daha da önemlisi onların mizacına göre çocuk yetiştirme tarzımızı gözden geçirme noktasında yol kat etmemiz gerekiyor. Mesela, çocuk çok yorgun mu, üzgün mü, öyleyse kurallarımda bugün ısrarcı olmayayım, demiyoruz pek. Öyle olunca da ürkek-çekingen mizaca sahip çocuklar duygusal gelişim bakımından sıkıntılar çekiyor ve doğal olarak sonraki yıllarda daha fazla zorlanıyor. Öte yandan daha duyarlı anne babaların çocukları ürkek-çekingen mizaca sahip olsalar bile ebeveynleri onların mizacına uyan yeni bir yaklaşım geliştirebildikleri için bu çocuklar duygularını kontrol etmekte oldukça iyi sonuçlar alabiliyorlar.

Duygusal gelişim için kritik 10 yıl!

Daha evvel de söylediğim gibi, her alanda farklı kritik gelişim dönemleri var. Duygusal gelişim, daha doğrusu, duyguların yönetimi becerisi için de bu kural geçerli. Özdenetim becerisini kazandırmak için açılan pencere, çocuk 10 yaşına varınca kapanmış oluyor. O nedenle anne babaların 0-9 yaş döneminde çocuklara her istediğini hemen vermekten vazgeçip onlara sabretmeyi, beklemeyi, hak etmeyi öğretmesi onların geleceğine yapacağı en önemli katkılardan biri. Bu beceriyi kazandırmanın bir diğer yolu da çocukları planlı okul dışı etkinliklere erken yaşta alıştırmak. Spor ve sanat belki de bu etkinliklerin en faydalı olanları, zira her iki kanalda da çocuklar kurallar çerçevesinde performans sergilemeyi ancak sabırla öğrenebiliyor.

Ancak tüm bu önerileri ilk bölümde sözünü ettiğim mizaca göre ebeveynlik çerçevesinde değerlendirirsek, her çocuğun benlik kontrolü farklı yapılarda olacaktır. Biz yetişkinlere, yani erken yaşlarda anne babaya, sonraki yıllarda da eğitimcilere düşen görev, çocukların mizacına uygun bir şekilde onlara sevgi ve şefkat göstermek. Hem lokum testinin hem de Dunedin Araştırması'nın bize hatırlattığı basit gerçek şu: Okulöncesi yıllarda çocukların zihinsel gelişimi kadar duygusal gelişimine de önem vermemiz gerekiyor. Kendi duygu ve düşüncelerini daha iyi kontrol edip yönetebilen çocuklar akademik olarak başarılı, sağlıklı ve varlıklı yetişkinler oluyorlar. Özellikle okulöncesi dönemde çocukların duygularını nasıl kontrol ettiği sorusu onların geleceğinde tahmin edeceğinizden çok daha fazla rol oynuyor.

EBEVEYNE NOT

Sosyal medyada çocuk fotoğrafı paylaşmak ne kadar doğru?

Sosyal medya çağında yaşıyoruz. Benim de müptelası olduğum bir realite bu. O nedenle gelin sosyal medyada çocuk fotoğrafları paylaşımı üzerine konuşalım biraz. İlk başta şunu söyleyeyim: Yukarıdaki sorunun net bir yanıtı yok! Sosyal medyada çocuk fotoğrafı koyup koymama konusunda kesin bir hüküm yürütmek zor! Çünkü bu meselenin pek çok boyutu var. Herkes bu boyutlara bakarak kendisi için en doğru formülü bulacaktır. O halde gelin meselenin farklı boyutlarını ele alalım.

Çocukların sosyal medya macerası artık doğumla başlıyor. İlk 6 ayın sonunda her çocuğa dair temel bilgiye sosyal medya üzerinden ulaşmak mümkün! Çünkü bu çağda sosyal medya olmadan yaşamak artık neredeyse imkânsız. Sabahtan akşama kadar çocuklarla haşır neşir olan anne babalar elbette sosyal medyada da çocuklarıyla ilgili paylaşımlarda bulunacaklar. Ayrıca özellikle coğrafi olarak farklı yerlerde yaşayan aileler için sosyal medya bir nevi aile albümü işlevi görüyor. Nitekim İngiltere'de 2000 ebeveynle yapılan bir araştırmaya göre, sosyal medya kullanan anne baba tarafından yetiştirilen bir çocuk 5 yaşına geldiğinde 1000 dolayında sosyal medya fotoğrafına konu olmuş oluyor! Bunda ne sorun olabilir ki?

En önemli boyut: Mahremiyet!

Sosyal medyada çocuklar üzerine yapılan paylaşımların en temel sorunu, çocukların onayı olmadan onların hayatını kayda geçiriyor olmamız. Paylaşılan her fotoğraf bir anlamda dijital parmak izi işlevi görüyor. Bir defa sosyal medyada bir paylaşımda bulunduğumuz zaman, o paylaşımı bir daha geri almak mümkün değil. Siz silseniz bile bir başkasının paylaşımı kayıt alma olasılığı her daim var. Sosyal medyada paylaşım yapmanın bir başka riski de çocuklarımızın bilgileriyle onlara ulaşılıyor olması. Çünkü bizim paylaşımlardan yola çıkarak çocuğumuzun adını, doğum gününü, cinsiyetini, kısaca kimliğini çıkarmak artık mümkün.

O nedenle, bizim bir yetişkin olarak kendi adımıza paylaşım yapmamızda bir sıkıntı yok, ama söz konusu çocuklar olunca etik sınırlar devreye giriyor. Ebeveyn olarak çocuklarımızın mahremiyetini ihlal etme hakkımız var mı? Bir de meselenin çok daha karanlık bir boyutu var: Bir araştırmaya göre, pedofil sitelerindeki fotoğrafların yarısından fazlası sosyal medya hesaplarından çalınan görüntülerden oluşuyor.

Ne yapmalı?

1. Kullandığınız sosyal medyanın mahremiyet kurallarını iyice öğrenin. Kimler paylaşımlarınızı görebiliyor, bunu kontrol etmeden hiçbir çocuk görseli paylaşmayın. Kamuya açık bir hesabınız varsa, hiç ummadığınız, hatta görmesini arzu etmediğiniz insanların da sizin çocuğunuzun fotoğrafına ulaşacağını unutmayın.
2. Anlık paylaşımlardan uzak durun!
   Çocuğunuzun yaşadığı yeri belli etmekten imtina edin. Özellikle ev adresi, okul adresi ya da çocuğunuza ulaşılabilecek başka bir adresin hiçbir şekilde bilinmemesi gerekiyor.
3. Çocuğunuza veto hakkı verin.
   İstemediği hiçbir şeyi sosyal medyada paylaşmayın!
4. Her paylaşımda sadece paylaştığınız andaki ruh halinizi değil, geleceği de düşünün.

İlk başta dediğim gibi, herkesin kendine uygun bir formül bulacağı bir alan bu. Ben kendi adıma sosyal medyada çok yoğun bir şekilde yer almama rağmen çocuklarımın fotoğrafını hiç paylaşmadım. Ama çok yakınım olan kişiler yukarıdaki kuralları dikkate alarak sosyal medyada çocuklarının fotoğraflarını rahatlıkla paylaşıyor. Herkesin kendine uyan formülü yukarıdaki genel prensipleri hesaba katarak bulması en doğrusu.

Ekran bağımlılığıyla başa çıkma kılavuzu

Türkiye'de çocuk yetişen evlerin çoğunda kitaplık yok, mahallelerin çoğunda kütüphane yok. Okulöncesi eğitime katılmayan çocuklar ekrana mahkûm!

Steve Jobs, Bill Gates gibi hayatımıza ekranları sokan pek çok mucidin kendi çocuklarına bilgisayar oyunlarını yasakladığını biliyor muydunuz?

İki çocuk yetiştiren bir baba olarak benim evde en çok zorlandığım konuların başında ekran bağımlılığı geliyor. Oysa ilk oğlum doğduğunda ekran bağımlısı olmasın diye evde televizyon bile yoktu. Bu, internetin yaygın olmadığı zamanlarda bizim için büyük bir fedakârlıktı... Yeni baba olmanın heyecanıyla çocuğumuzun geleceği için bu yola başvurmuştuk. Çocuk gelişimi okumuş bir baba olarak "ideal" bir ebeveyn olmak istiyordum... Çocuklarla diyalog kurmak, onlara kitap okumak üzerine kurulu bir felsefemiz vardı. Ama bütün bunlar hayatın sınamadığı tezlerdi... Her şey kitapta yazdığı gibi hayata geçmiyor. Zira bizim evde hiçbir şekilde ekrana maruz kalmamış oğlum kreşe başlayınca gördük ki akranlarının bildiği pek çok kahraman onun dünyasında eksik. Türkiye'deki pek çok arkadaşının aşina olduğu bilgisayar oyunları onun dünyasına hiç yok. Zamanla bu eksiği kimi zaman isteyerek kimi zaman istemeyerek kapattık. O nedenle ikinci oğlumuz doğduğunda evde televizyon da vardı, oyun konsolu da. Çünkü gördük ki teknolojinin geldiği nokta itibariyle artık ekranları yok saymak, çocukları yeni dünyadan tamamen koparmak demek.

NYU'dan meslektaşım Adam Alter'in davranış bağımlılığı yaratan teknolojiyi irdelediği yeni kitabı *Irresistible* ise bu modern zaman iptilası üzerine kaleme alınmış. Türkçeye benim teşviklerimle *Karşı Konulmaz* adıyla çevrilen bu önemli çalışma, madde bağımlılığı yerine ekran bağımlılığını bir davranış bağımlılığı olarak ele alıyor. "Davranış bağımlılığı" bir kişinin herhangi bir davranışı kendi iradesiyle "sonlandırma" ya da "devam ettirme" tercihini kaybetmesi demek. Tıpkı sigara ya da esrar bağımlılığı gibi, herhangi bir davranışa bağımlı olanlar da o davranışı yapmadan gündelik hayatlarına devam edemiyorlar. Ekran bağımlılığı işte bu davranış bağımlılıklarından en yaygın olanı. Kimine göre bu çağda yetişen çocuklar arasında bir salgın olan ekran bağımlılığını her anne babanın ciddi olarak gözetlemesi gerekiyor.

İçinde yaşadığımız devrin adı ekran çağı. Televizyon, bilgisayar, telefon derken artık hayatımızın her anında karşımızda bir ekran var. Bu çağda ekranlardan uzak bir hayat mümkün değil. Nitekim bu yazıyı da ekrana bakarak yazıyorum. Ekranların hayatımızın bu denli vazgeçilmez bir parçası olduğu bir dünyada bu ekranlar olmadan yaşamak neredeyse imkânsız. O nedenle ekran bağımlılığından kurtulmanın formülü ekranlara veda etmek değil. Zaten ekranlar tek başına sorun da değil. Sorun işte tam da burada başlıyor. Bizim için hayatı kolaylaştıran, bize yeni dünyaların kapısını açan bu ekranlara bizi hapsetmek isteyen başka bir sektör daha var. Evet, milyarlarca bütçeli "ekran", yani eğlence sektöründen söz ediyorum.

Asıl sorun ekran değil elbet. Sorun, ekranların arkasındaki sektörün güç ve motivasyonunda saklı. Çünkü milyarlarca dolarlık bütçeye sahip bu sektörün tek bir amacı var: Bizi ekrana en çok bağlayacak ürünü pazara sunmak! Özellikle de çocuklar için... Hal böyle olunca da ortaya eroin ya da alkol kadar bağımlılık potansiyeli yüksek ürünler çıkıyor. World of Warcraft bu oyunlardan sadece biri. Pek çok uzmana göre dünyada en yaygın ve en çok bağımlılık yaratan oyun bu. 10 milyar dolarlık hasılata ve 100 milyonu aşkın kullanıcıya sahip. Bu kullanıcıların yarısı bağımlı! Son dönemde ortalığı kasıp kavuran bundan çok daha fazla bağımlılık yaratan oyunlar mevcut. Örneğin, Fortnite adlı oyun bağımlılık yaratan tüm oyunların en bağımlılık yapan bölümlerinin bir araya geldiği bir nevi kokteyl oyun. Bir oynayan yetişkin bir daha elinden bırakamıyor. Bu çocuklar için nasıl bir risk içeriyor düşünün...

Bizim gibi geç yaşta değil, doğuştan ekranlarla yaşamaya başladı bizim çocuklar. Akıllı telefonlar, tabletler çocuklar için özel olarak tasarlanmış oyunlarla dolu. Meselenin bam teli de burası zaten. Yetişkinler yerine ekranlar tarafından büyütülen bu çocuklar büyüdüğünde ne olacak? Bu sorunun yanıtını tam olarak bilen yok...

Ama ekran bağımlılığının çocuklar üzerindeki etkisine dair elimizde çok net veriler var. Bu çocuklar okulda başarısız. Bundan daha önemlisi, bağımlı çocuklar obezite sorunu yaşıyor, çünkü bu çocuklar bir süre sonra ekran başından kalkıp hareket etme kabiliyetlerini yitiriyorlar. Belki de sorunun en can alıcı yanı, ekran bağımlısı çocukların sosyal iletişim kurma yeteneklerini kazanamamış olması. Bu listeyi daha fazla uzatmak istemiyorum, zira tablo net. O nedenle madem sorunu tarif ettik, biraz da çözüm üzerine odaklanalım. Çaresi olan bir dertten söz ediyoruz çünkü.

Yasaklamak çare değil!

Yapılan tüm araştırmalar gösteriyor ki ekranı çocuklara tamamen yasaklamak çözüm değil. Bu tarz toptan yasakların çocuklarda daha çok ilgi uyandırdığı ve onları ekrana daha çok bağladığı bir gerçek. Ayrıca ekranlar aynı zamanda çocukların akranlarıyla ortak tecrübe biriktirdiği yerler oldu. Biz eskiden nasıl maçlar üzerinden arkadaşlarımızla sohbet ediyorsak, şimdiki çocuklar da oyunlar üzerinden birbirleriyle arkadaşlık kuruyorlar. Yani siz çocuğunuzu ekrandan tamamen uzaklaştırınca, aslında çocuğunuzun akranlarıyla kuracağı bağları da ortadan kaldırmış oluyorsunuz. O nedenle yapılması gereken, ekranları tamamen karartmak değil, ekran karşısında geçen zamanı daha iyi planlamak.

Elbette çok dengeli bir rekabet değil sözünü ettiğim. Düşünsenize, bir tarafta bütün derdi bağımlılık yaratmak olan profesyoneller ordusu var, diğer tarafta benim gibi çocuğunu ekrandan uzak tutmak için uğraşan ebeveynler. Peki, ne yapacağız? İmkânsız diye mücadeleden vazgeçip çocukları ekrana mı teslim edeceğiz? Asla! Çünkü bizim elimizde oyun şirketlerinde olmayan bir güç var: Çocukların zaman kontrolü! Evet, ebeveynliğin bir tarafı sevgi ve şefkat sunmak ama diğer tarafı da işte bu kontrol. Ama bu kontrol çocuk büyüdükçe kaybettiğimiz bir güç. O nedenle dikkatli ve erken kullanılması gerekiyor. Peki, bu gücü nasıl kullanacağız?

Yukarıda sözünü ettiğim ekran bağımlılığı artık yeni bir kavram değil. O nedenle pek çok uzman, çocukları ekran başından kurtarmanın formülünü arıyor. Amaç, çocukları ekran robotu olmaktan kurtarmak. Ve bu uzmanların ortak görüşü, ekran bağımlılığını ortadan kaldırmak için işe evden başlamak. Çünkü bu alışkanlık ev ortamında başlıyor. Bu nedenle bu bağımlılıktan çocuklarımızı kurtarmak için anne ve babalara, çocuk yetiştiren herkese büyük bir sorumluluk düşüyor. İşe bağımlılık yaratan ortamı değiştirmekle başlayabiliriz.

Bağımlılık bir ortam meselesidir!

Bağımlılık tek başına bir bireyin kişiliğiyle açıklanabilecek bir davranış değildir. Bağımlılık aynı zamanda kişinin içinde bulunduğu koşullar tarafından belirlenir. Koşullar uygun ise herkes bağımlı olabilir. Öyle olduğu için aynı kişi bazı ortamlarda ekrana bağımlıyken başka ortamlarda ekrandan uzak durabiliyor. Bu cümlede bağımlılıktan arınmanın formülü de var: Koşulları değiştirmeden bağımlılıktan kurtulmak mümkün değil. Yani bağımlılık bir ortam meselesi.

Sıkıntı o kadar kötü bir şey değil. Hele çocukların sıkılması teşvik edilmeli. Sürekli bir şeyle meşgul olan çocuğun yaratıcılığı köreliyor.

Söz konusu çocuklardaki bağımlılık olunca da meselenin başlangıcıyla çözümün adresi aynı yer oluyor: Aile! Aile ortamını değiştirmeden çocukları ekran bağımlılığından kurtarmak mümkün değil. Peki, o halde ev ortamında neyi nasıl yapmalıyız ki çocuklarımız daha az ekrana bağımlı olsun?

Çocuklar ekrana kaç yaşında ne kadar maruz kalmalı?

İlk olarak evde ekrana ulaşılan zamanı ve mekânı gözden geçirmemiz gerekiyor. Amerika Pediatri Akademisi bu alanda en fazla çalışma yapan kurumların başında geliyor. Akademiye göre, çocukları ekran bağımlılığından korumak için uyulması gereken çerçeve şöyle:

- **0-18 aylık bebekleri** tüm ekranlardan uzak tutmak gerekiyor. Görüntülü görüşmeler dışında tüm ekranlar bu yaş çocuklar için zararlı, zira ekran hızlı gelişen beyin için faydasız bir araç. Beynin en hızlı geliştiği bu evrede çocukların tek ihtiyacı olan şey, ebeveynle etkin diyalog. Kitaplarla, ninnilerle, şarkı ve türkülerle çocuklarla konuşulması gereken bir dönem bu.

- **18-24 aylık bebekler** için ekranla tanışma mümkün. Şart değil ama bu tanışma olacaksa da çok sınırlı tutulması gerekiyor. Burada da kriter, ekrandaki içeriğin niteliği. Çocukların ekranla ilk tanışması ne kadar geç olursa o kadar iyi.
- **2-5 yaş çocuklar** günde en fazla 1 saat ekran başında bulunabilir. Yine kriter, kaliteli içerik. Peki, nasıl anlayacağız kaliteli içeriği? İzleyeceğiz. Önce biz izleyeceğiz. Ebeveynin kendisinin izlemediği hiçbir içeriğin çocuğa sunulmaması kuralı önemli.
- **6 yaş ve üzerindeki çocuklar ile ergenler** için Pediatri Akademisi somut saat sınırları yerine genel prensipler ortaya koyuyor. Malum, bu dönemde ekran zamanı artık ebeveyn kontrolünden ziyade çocuğun kontrolünde bir mesele. Öyle olunca da yapılması gereken çocukla birlikte bir "ekran zaman planı" oluşturmak.

Ekran zaman planı

Yukarıdaki çerçevede eğer anlaştıysak bundan sonra yapılması gereken bir "ekran zaman planı" çıkarmak. Bu planı çocukla ebeveynin birlikte hazırladığı bir ekip çalışması olarak yapmakta fayda var. Çocuğun hafta içi ve hafta sonu hangi saatlerde, hangi sürelerle ekrana ulaşacağını belirleyen bir sözleşmeden söz ediyorum. Her sözleşmede olduğu gibi tarafların katılımı, sonucu daha anlamlı kılacaktır. Zorla güzellik olmuyor, malum.

Evde çocuğunuzla ekran zaman planını hazırlarken şu noktaları akılda tutmakta fayda var:

- Günde en az 1 saat fiziksel aktiviteye ayrılmalı.
- Her gün en az 8 saat uyku zamanı olmalı.
- Çocukların yatak odasında televizyon olmamalı.
- Uykudan bir saat önce tüm ekranlar karartılmalı.
- Ekransız zamanlar: Tüm aile fertleri kahvaltı, öğlen yemeği ve en önemlisi akşam yemeğinde ekranları karartmalı.
- Bu ekransız zamanların önceden belirlenmesine özen gösterilmeli.
- Ekransız mekânlar: İmkânlar ölçüsünde evin bir odası ya da bir köşesi ekransız mekân olarak belirlenmeli.

Yukarıda sıraladığımız tüm kurallar kâğıt üzerinde güzel görünüyor olabilir. Uygulama aşamasına geçince zorlukları göreceksiniz. Bu zorluluklarla başa çıkmak için iki nokta çok önemli. İlk olarak yukarıda belirttiğim gibi bu kuralları çocuğunuzla müzakere etmeniz gerekiyor. Onların desteği olmadan bu kuralları sizin tek başınıza koyup uygulamanız neredeyse imkânsız. Uzun müzakereler, ikna turları ve mücadeleler gerektiriyor yukarıda anlattığım bu kuralları uygulamak. Öte yandan kuralları koyduktan sonra önemli olan, bu kuralları tutarlılıkla devam ettirmek. Bir hafta uygulanıp ertesi hafta uygulanmayan, tutarlılıkla hayata geçmeyen kurallara zaten kural demiyoruz. Tabii bir de şu var: Elinden ekranı düşürmeyen ebeveynlerin yukarıdaki kuralları uygulayabilmesi çok zor. O nedenle özellikle ekran bağımlısı aileler için bir önerim var. Hazır mısınız teknoloji orucuna?

Aile boyu teknoloji detoksu!

Oturmuş bir davranışı değiştirmek, yenisini oluşturmaktan çok daha zordur. O nedenle özellikle evde başta anne baba olmak üzere herkesin bir şekilde ekrana bağımlı olduğu ortamlarda değişikliğe başlamak için bir detoks yapmak gerekebilir. Yani topyekûn bir ara verip sonra yeni bir sayfayla yola devam etmekten söz ediyorum. Bunu kendi hayatımda denedim. İşinize yarayacağını düşündüğüm için anlatmak istiyorum.

Ben doğduğumda ekransız bir ev vardı, ama çocuklarım doğduğunda evde başta bilgisayar olmak üzere pek çok ekran vardı. Hele bugünlerde artık bir evin ekransız olması neredeyse imkânsız. O nedenle ekran yerlisi olan çocuklar ekranı hayatın doğal bir parçası sanıyorlar. Onsuz bir hayatı tahayyül bile edemiyorlar. İşte tam da bu nedenle bir ekran detoksu şok terapisi etkisi yapabilir. En azından ben bu düşünceyle kendi ailemde bir deney yaptım. Benim iki oğlum da ekran yerlisi olduğu için onlarla üç haftalık bir ekran detoksu yapmaya karar verdik.

Bağımlılık bir ortam meselesidir demiştim. O nedenle ekran detoksu yapmak için evden farklı bir yer seçmemiz gerekiyordu. Tatil bunun için ideal bir fırsat. Biz de öyle yaptık. Ekransız tatile çıktık. Sadece ekransız olmaz deyip, otelsiz, elektriksiz bir tatile çıktık. Evet, sırtımızda çadırlar, kamplarda geçen bir tatilden bahsediyorum. Otel konforu, elektrik ve tabii ekran olmadan tatile çıkma fikrimi çocuklarla paylaşınca evdeki isyanı anlatmama gerek yok herhalde. Bilgisayar oyunlarından, arkadaşlarıyla iletişim kurdukları telefonlarından uzak üç hafta onlar için üç asır demek... Ama uzun müzakereler sonucu anlaştık. Bavula bolca kitap doldurup çıktık yola. Ekranlar olmayınca günler bayağı uzuyor. O nedenle üç haftalık ekran orucu sırasında en büyük sıkıntımız çocuklara kitap yetiştirmek oldu...

Ekranlardan uzak olduğumuz günlerde fark ettim ki elde akıllı telefon, arkada açık televizyonla kaliteli zaman paylaşımı olmuyor. Çocuklarla gerçek manada bir diyalog için bütün bu ekranların kapanması gerekiyor. Bizim üç haftalık ekran orucunun en büyük sürprizi, benim için çocuklarla geçirdiğim zamanın kalitesinde oldu. Dağ başlarında, dere kenarlarında saatlerce süren yürüyüşlerde çocuklarımla yıllardır yapamadığım derinlikte sohbetlere daldık, gündelik hayat içinde bir türlü konuşmaya fırsatımız olmayan konulara girdik... Yeni şeyler öğrendik hayata dair, birbirimize dair... Ekransız günlerde bir başka şey daha öğrendik: Ateşin insanda hikâye anlatma arzusu uyandıran bir tarafı var. Tatil boyunca her akşam kamp ateşi etrafında çocuklarla yaptığımız sohbetlerin tadı doyumsuzdu.

Benim gibi çocukluğu internet ve elektrik öncesi çağda geçen biri için bu üç hafta bir nevi nostaljik bir seyahat oldu. Gaz lambası ışığında kitabı bitirmek, akşam çadırda uyurken gökyüzünde akan yıldızları seyretmek, sabahın ilk ışığıyla uyanmak... Bunlar çocukluğumun anıları... Neredeyse 30 yıldır işim gereği ekranlara bağımlı bir hayat yaşıyor olduğumu hatırlayınca özlemişim ekransız zamanları... O nedenle zor da olsa deneyin derim. Özellikle yeni bir davranış kalıbını evinizde oturtmak istiyorsanız.

EBEVEYNE NOT

Çocuklara mola vermek doğru mu?

Çocuğunuzun davranışlarını ne kadar disiplin altında tutuyorsunuz? Çocuğunuza ne kadar destek oluyorsunuz? Bu iki soruya verdiğiniz yanıt, sizin ebeveynlik stilinizi belirliyor. Kimi disiplini aşırı tutup desteği önemsemiyor. Kimi ise sevgi ve desteği aşırı gösterip disiplini az tutuyor. İdeal olan, disiplini de desteği de duruma göre, çocuğun mizacına göre belirlemek. Yani esnek bir ebeveynlik tarzı geliştirmek gerekiyor. Peki, bunu sağlamak için ne yapabiliriz? "Mola" yöntemi bu amaçla işe yarar mı?

Mola nedir?

Eskiden çocukları disiplin altına almak denince akla ilk gelen yöntem dayak yani fiziksel şiddetti. Son yıllarda dayağın hayatımızdan çıkmasıyla birlikte fiziksel şiddetin yerini mola tekniği almış görünüyor. Davranışçı psikolog Skinner tarafından ortaya atılan bu teknikte amaç çocuğun yaptığı hoş olmayan bir davranışın bir daha olmasını engellemek. Bunun için de çocuk olumsuz bir davranış sergilediğinde bulunduğu ortamdan uzaklaştırılıp kendisi için pek de hoş olmayan bir ortamda bulunmaya zorlanıyor. Zorunluluk burada anahtar kelime; zira eğer mola çocuğun zaten arzu ettiği bir ortamda geçiyorsa o vakit öğretici olmaktan çıkıyor.

Tartışmalı konu

Mola çocuk yetiştirmede çok yaygın kullanılıyor, ama bu tartışmalı bir kavram olduğu gerçeğini değiştirmiyor. *Time* dergisinin geçtiğimiz yıllarda konuyu "Mola çocukları yaralıyor" diye kapağa taşıması boşuna değil. Ancak doğru ve yerinde kullanıldığında bu yöntemin çocuk yetiştirmede pozitif bir yeri olabilir. O halde mola iyidir ya da kötüdür demek yerine molanın doğru ve yanlış kullanımı vardır diyebiliriz.

Ceza mı, öğrenme mi?

Mola verirken amaç önemli. Mola salt bir ceza taktiği olarak kullanıldığında çocuk için sonuçları iyi olmayan bir teknik oluyor. Ancak mola eğer bir öğretme, yol gösterme, problem çözme tekniği olarak kullanılıyorsa o vakit faydalı olabiliyor. Aynı şekilde eğer ebeveyn olarak biz kendi stresimizi azaltmak için mola veriyorsak bu durumda yanlış bir şey yapıyoruz demektir. Çünkü amacı dışında ve sıklıkla kullanılan mola tekniği bir süre sonra çocuklarda kalıcı hasara neden olup onları hem daha öfkeli yapıyor hem de onlara yalnız olduğunu ve sevilmediğini hissettiriyor. Özellikle çok erken yaşlarda, çocuğun idrakinin tam yerleşmediği zamanlarda verilen mola, faydadan çok zarara, ebeveyn-çocuk ilişkisinde tamiri imkânsız hasara yol açabiliyor. Unutmayın, çocukların cezaya değil, açıklamaya ihtiyacı var!

Çocuk neden ve hangi süreyle molada olacağını bilmeli!

Neden molaya gönderildiği çocuğa anlayacağı bir şekilde açıklanmalı. Eğer çocuk niçin molaya gönderildiğini bilmiyorsa yanlış bir şey yapıyorsunuz demektir. 6 yaşına kadar, yaş kadar mola, ondan sonraki yaşlarda da 5-10 dakikayı aşmayan mola vermeyi tavsiye ediyor uzmanlar. Ötesi zararlı. Bu kadar net. Aklımızdan çıkarmamakta yarar var: Amaç, çocuğa yaptığı şeyin yanlış olduğunu düşünecek kadar süre vermek.

Üçüncü bölüm

Okul dönemi

Çocuk yetiştirme evde başlar, okulda devam eder!

Çocuk yetiştirme evde başlıyor ve çocuğun sorumluluğu ilk başta anne babaya düşüyor. Özellikle ilk 6 yılda. Dolayısıyla gelişim sürecini irdelerken ilk odaklandığımız sistem de aile oluyor. O nedenle bu kitaptaki ilk iki bölüm ev ortamında anne babaların özen göstermesi gereken konulara ayrıldı. Ancak çocukların okula başlamasıyla birlikte ev ortamına ek olarak ikinci bir sistem devreye giriyor. Okulla birlikte çocuk yetiştirme sorumluluğu anne babanın yanında eğitimcilere de düşüyor. Bu geçiş süreci, hem yeni fırsatlar hem de yeni sıkıntılar demek.

Çocukların okula başlamasıyla birlikte anne babalar belki de ilk defa ciddi bir şekilde ülkedeki eğitim politikasıyla ilgilenmeye başlar. Daha önce görece soyut olan pek çok tartışma, bir anda çocuğu okula başlayan anne ve babalar için ciddi bir gündelik meseleye dönüşür. Çünkü özellikle yeni anne babalar biraz da şaşkınlıkla fark ederler ki üzerine titredikleri çocuklarının geleceği artık sadece onların elinde değildir. Çocukların saat kaçta yataktan kalkacağından kaç yaşında okula başlayacağına, hangi konuları öğreneceğinden hangi sınavlara hazırlanacağına anne babalar değil, başkaları karar vermektedir. Anne babaların bu kararları etkilemesinin tek yolu, demokratik katılım mekanizmaları ya da sivil toplum kuruluşları vesilesiyle oluyor artık.

Bir anne ya da babanın ülkenin eğitim politikalarının belirlenme sürecine katılması, sadece yurttaşlık görevi değil, aynı zamanda bir ebeveynlik görevidir.

Çocuklarımızın geleceğini evde doğrudan şekillendirmek nasıl ebeveynliğin gereği ise, ülkedeki eğitim sisteminin nasıl olacağını şekillendirmek de ebeveynliğin bir gereğidir. Bu görevi her birimiz önce bilinçli bir seçmen olarak sandıkta yerine getirmek zorundayız. Kim benim çocuğum için daha iyi bir gelecek vaat ediyor! Bilinçli olmaktan kastım, ideolojik değil, stratejik olmak; hangi parti ya da aday çocuklarımızın geleceği için daha iyi politikalar geliştiriyorsa desteği o tarafa vermektir. Pek çok gelişmiş ülkede eğitim politikalarının seçim sonuçlarını değiştirmesinin nedeni işte budur.

Bu anlamda bir çocuk yetiştirme kitabında politik tercihlerin yer alması sadece benim kişisel tercihim değil, aynı zamanda bir zorunluluk. İleri demokrasilerde olduğu gibi bizde de çocuk sahibi anne babaların ciddi bir politik güç olması hem ülkemiz hem çocuklarımız için büyük faydalar doğuracak bir gelişmedir. Eğer bizde de bilinçli bir genç ebeveyn kitlesi seçimlerde söz sahibi olursa, politikacıların anne babaların taleplerine duyarsız kalması mümkün olmayacaktır.

Bütün bu saydığım nedenlerle gelin önce eğitim sistemini masaya yatıralım. Sonra bu sistemde yapılması gereken öncelikli reform alanlarını belirleyelim. Ardından da bu sisteme rağmen, daha doğrusu bu sistem içinde, çocuklarımızı geleceğe daha iyi hazırlamak için biz anne babalara düşen görevlerin üzerinden geçelim. Bu bağlamda hem okul müfredatı hem de okul dışındaki zamanlar için ödev ve tatilde öğrenme kaybı konusunu detaylı olarak ele alacağız. Daha önceki bölümlerde olduğu gibi amacımız, sistematik olarak üzerinde bilimsel anlamda mutabakat oluşan alanlarda anne babalara ve eğitimcilere pratik, somut öneriler sunmak. Ama ilk önce, dediğim gibi, gelin eğitimi dert edelim.

Herkes çocuğunu dert eder! O nedenle bizi birleştirecek tek konu çocuklarımızın geleceği meselesidir.

Okullar çocuklarımızı dünyayla rekabete hazırlıyor mu?

Eğitim ve çocuklar hakkında her zamankinden daha çok veriye sahibiz. Bu verilerin neredeyse tamamı bizim vergilerimizle ve başta Milli Eğitim Bakanlığı olmak üzere resmi kurumlar tarafından toplanıyor. Kuşkusuz bu veri setlerinden en önemlisi, benim yazılarımı okuyan herkesin artık çok yakından bildiği PISA veri tabanı. Bizimle birlikte 72 farklı ekonomide gerçekleştirilen bu değerlendirmenin iki önemli özelliği var. İlk olarak bu veriler hem ülke içinde geçmişe yönelik bir karşılaştırmaya, hem de ülkeler arası kıyaslamaya olanak veriyor. İkinci olarak bu verileri bizzat her ülkenin kendi eğitim bakanlığı topluyor.

OECD tarafından geliştirilen PISA, uluslararası bir eğitim değerlendirme sistemi. Temel amacı, her bir ülkenin 15 yaş grubu gençlerini ne denli iyi eğittiğini ortaya koymak. PISA, üç yılda bir katılımcı ülkeleri ölçüyor. En son yapılan PISA'ya dünya ekonomisinin yüzde 90'ını temsil eden ülkeler katıldı. İşgücünün hızla küreselleştiği, üretimin çok coğrafyalı bir yapıya dönüştüğü 21. yüzyıl ekonomisinde bir ülkenin eğitim sistemi yalnızca ülke içi verilerle değerlendirilemez. Rekabetin küresel olduğu yeni yüzyılın performans standardının da küresel olması zorunludur. İşte bu ihtiyaçtan yola çıkarak, ekonominin itici gücünün nitelikli ve eğitimli işgücü olduğunun altını çizen Ekonomik İşbirliği ve

Kalkınma Teşkilatı (OECD), eğitim sistemlerini değerlendirmek amacıyla uluslararası bir eğitim performans endeksi geliştirdi. Kısa adıyla PISA (The Programme for International Student Assessment) olarak anılan "Uluslararası Öğrenci Değerlendirme Programı" çıktıları, örneklem bazlı verilerle değerlendiriliyor. Günümüzde PISA en güvenilir uluslararası eğitim sistemleri performans değerlendirme endeksi olarak kabul ediliyor. Fen bilgisi, matematik ve okuma becerilerini ölçen PISA'nın en önemli faydası, sonuçlar kamuoyuna açıklandığında tüm dünyada eğitimi bir numaralı gündem maddesi yapması. Karar vericiler, medya ve aileler, ülkelerindeki okulların öğrencileri modern dünyaya ne derece hazırladığı sorusuna PISA verileriyle yanıt arıyor. Peki, ne diyor bu veriler? Temel beceriler bakımından, yani okuduğunu anlama, fen bilgisi ve matematik alanlarında çocuklarımız akranlarına göre nerede?

Aşağıda şimdiye kadar katıldığımız beş ayrı PISA testi sonucunda dünya sıralamamızı görebilirsiniz. 2003 senesinde 33. sırada olduğumuz fen bilgisi becerisinde en son yapılan PISA sınavında 52. sıraya düşmüşüz. 2003 senesinde 35. sırada başladığımız matematik becerilerinde en son yapılan değerlendirmede 49. sıradayız. Son olarak 2003 senesinde 35. sırada olduğumuz okuduğunu anlama becerisinde en son 50. sıraya gerilemişiz.

2003'ten 2015'e PISA'da Türkiye'nin dünyadaki sıralaması

	2003	2006	2009	2012	2015
FEN	33	43	43	43	52
MATEMATİK	35	43	43	44	49
OKUMA	35	37	41	41	50

Birkaç sıra iniş çıkış elbette çok önemli değil, ancak Türkiye gibi dünyanın 17. büyük ekonomisine sahip olmakla övünen bir ülkenin çocukları en azından ilk 20'de olmayı hak ediyor. Olması gereken hedef ilk 20, hatta ilk 10 iken giderek ilk 50'den uzaklaşıyor olmamız, çocuğunu ve ülkeyi dert eden her anne babayı endişelendirmeli. Endişelendirmeli, çünkü çocuk evden ayrıldıktan sonra bu okul sisteminin içinde eğitim alacak. Bu tabloyu değiştirmek her anne babanın birincil ebeveynlik görevi olmalı.

Türkiye'de eğitim sisteminin pek çok sorunu var, ama bunların başında finansal kaynakların yetersiz olması gelmiyor. Bunu veriler de gösteriyor. Şöyle ki, yukarıdaki verileri kapsayan dönemde eğitime ayrılan pay çok ciddi bir şekilde artmış, ancak eğitimde kalite azalmış. Basın Yayın ve Enformasyon Genel Müdürlüğü (BYEGM) tarafından açıklanan, "Rakamlarla Türkiye" çalışmasına göre, Türkiye'nin eğitime ayrılan bütçesi adı geçen 12 yılda yaklaşık 12 kat artmış. Ancak aynı dönemde dünyayla rekabette giderek daha geriye düşmüşüz. O halde sorun sadece kaynak sorunu değil. Sorun, eğitimde kaynakların nasıl kullanıldığı ile ilgili. İşte bu noktada karşımıza eğitimde atılması gereken adımlar geliyor. Evet, eğitimde reformdan söz ediyorum.

Reform kavramıyla en çok özdeşleşen alanların başında eğitimin gelmesi bir rastlantı değil. Eğitim, doğası gereği değişime ayak uydurmak, yani sürekli reform yapmak demektir. Okulların bir amacı çocuklarımızı hayata hazırlamak ise, hızlı değişen hayata uyum sağlamak için eğitim sisteminin de sürekli gözden geçirilmesi ve yenilenmesi kaçınılmazdır. O nedenle sizlerle, birkaç yıl önce Türkiye'deki eğitim reformu tartışmalarına katkı sunmak amacıyla TÜSİAD için hazırladığımız rapordan yola çıkarak, yedi maddelik reform önerimi paylaşmak istiyorum.

Şirin bir eğitim reform paketi!

Türkiye'de eğitimin pek çok sorunu var, ama kanımca en can alıcı sorun, reform yapma pratiğinin verilerden bağımsız olması. Dünyanın her yerinde eğitim en çok tartışılan ve en çok değiştirilen sektör. İnsan değişiyor. Toplum değişiyor. Eğitim de buna göre değişmeli. Önemli olan, reformların bu değişimi dikkate alınarak yapılıp yapılmadığı. İşte bu noktada verilere dayalı sistematik reform pratiğine büyük ihtiyaç var. Sorun tespitinden çözüm arayışına, alternatif çözümleri yarıştırmaktan her bir çözümün etkinlik analizine dair her aşamada kararlar verilerle alınmalı. Her akla gelen uçuk fikrin reform diye tüm sisteme uygulanması değil, farklı çözüm önerilerinin pilot uygulamayla yarıştığı, yalnızca sınanmış ve başarısı kanıtlanmış uygulamaların tüm sisteme yayıldığı bir reform anlayışı.

1. Okulöncesi eğitim

Eğitim üzerine yapılan araştırmaların en net sonuçlarından biri, okulöncesi eğitimin geri dönüşü en yüksek yatırım olduğu gerçeği. Maalesef bu, bizim eğitim sistemimizin en sorunlu olduğu alan. Türkiye okulöncesi eğitime katılımda AB ülkeleri arasında en son sırada yer almakla kalkmıyor, bizden sonra gelen ülkelerdeki katılımın yarısına bile ulaşamıyor!

Her ile üniversite yerine her mahalleye nitelikli bir okulöncesi eğitim kurumu!

Türkiye'nin eğitim reformu öncelikleri içinde en kalıcı sonucu verecek girişim, kaliteli okulöncesi eğitimi tüm ülkede zorunlu kılmaktır. Bunun için okulöncesi eğitim öğretmeni yetiştirmekten müfredat geliştirmeye her alanda ciddi bir yatırım yapılması kaçınılmazdır. Geleceğimiz için eğitim alanında yapılacak en büyük yatırım bu konuda olmalıdır.

2. Öğretmenlik profesyonel bir meslek olmalı

Öğretmenlerin iş yetkinliklerini ve iş tatminlerini artırmadan herhangi bir eğitim reformunun başarıya ulaşması mümkün değil. Asya ülkeleri ve Finlandiya'nın son yıllarda kaydettiği ekonomik başarının ardında yatan en temel faktör öğretmene yatırım yapılmış olmasıdır. Bu sistemlerde öğretmenlik profesyonel bir meslek olarak tanımlanmış, öğretmen seçimi, eğitimi ve sosyoekonomik statüsü buna göre organize edilmiştir. Mesleğini yürüten her öğretmen için yüksek kaliteli meslek içi eğitim şartı konulmuştur. Ülke olarak eğitime yapacağımız yatırımlarda önceliği teknoloji yerine öğretmene kaydırmak zorundayız. Sonuçta teknolojiyi de kullanan yine aynı öğretmenler olacak.

3. Merkezi yönetimde esneklik

Türkiye PISA'ya katılan ülkeler içinde hem kaynak hem de müfredat belirlemede en merkezi sisteme sahip ülke. Japonya, Güney Kore, Şangay ve Hong Kong gibi PISA'da zirvede olan eğitim sistemlerinde okul yöneticileri ve öğretmenler pek çok alanda karar verici konumda görev yapıyor. Okul yöneticileri başarı kriterlerini belirleyip, öğretmen alımlarını yönetiyor, ders kitaplarını seçip, müfredatı çeşitlendirebiliyor. Türkiye'deki sistem ise halihazırda bütün kararları yerel koşullardan uzak bir şekilde merkezde alıyor. Türkiye gibi büyük bir ülkede tüm kararların merkezden alınması doğal olarak pek çok sorunu çözümsüzlüğe itiyor. Bu anlamda merkezi yönetimin elinde olan bazı yetkilerin okul yönetimlerine aktarılmasının zamanı çoktan geldi.

4. Dezavantajlı öğrencilere küçük sınıflar

Öğretmen başına düşen öğrenci sayısı hem akademik başarıyı hem de öğrencilerin okula olan ilgisini artıran bir faktör. OECD ülkeleri arasında fakir öğrencilerin sayısı arttıkça sınıfların kalabalıklaştığı tek sistem bize ait. Türkiye, OECD ülkelerinin çoğunluğunda olduğu gibi sosyoekonomik açıdan dezavantajlı öğrencilerin gittiği okullarda sınıf mevcudunu düşürmeli ve kişi başına düşen öğretmen oranını artırmalıdır. Bir başka deyişle, dezavantajlı öğrenciye okulda öncelik tanıyan uygulamalara yönelmeliyiz. Bu ancak hem sınıf mevcudunda iyileştirmeyle, hem de kaliteli öğretmenlerin dar gelirli ailelerin gittiği okullara yönlendirilmesiyle mümkün olabilir.

5. Üst seviye beceri eğitimi

Bizim sistem öğrencilere temel becerileri kazandırmak üzerine kurulu. Ancak daha etkin rekabet için orta ve üst düzey becerilerde başarı kaydetmemiz gerekiyor. Matematik, okuma becerileri ve fen alanında PISA testlerinde üstün başarı seviyesini (5. ve 6. düzeyler) yakalayan öğrencilerimizin oranı yüzde 6 dolayında. Bu oran OECD ortalamasının yarısı. Bilgi ekonomisinde rekabet etmek için çocuklarımıza ileri derecede matematik, fen ve okuma becerileri kazandırmamız gerekiyor. Bu amaçla eleştirel beceri ve muhakeme yeteneğine öncelik veren yeni bir müfredatı, bu müfredata uygun ulusal sınav sistemini ve elbette bu eğitimi sunacak öğretmen ve okul altyapısını bir reform paketi olarak gündeme almalıyız. Temel becerilerle inovasyon ekonomisinde rekabet etmek mümkün olmayacaktır.

6. STEM seferberliği

PISA verileri içinde, ülkemizde bilim, teknoloji ve inovasyonun geleceği açısından en endişe verici sonuç, fen alanında en üst seviyede başarı gösteren öğrencilerimizin neredeyse hiç olmaması. Fen ve matematik alanları bilgi ekonomisinin dinamosu. Bu alanlarda ileri seviyede eğitim veren okullarımızın sayısını ve niteliğini gözden geçirmemiz kaçınılmaz. Tıpkı ABD'deki STEM (fen, teknoloji, matematik, mühendislik eğitimi) reform girişiminde olduğu gibi bizim de acil olarak ulusal bir kampanya başlatmamız gerekiyor. Teknolojinin, inovasyona dayalı üretimin esas olduğu yeni ekonomide rekabet etmemizin bu alandaki reformların başarısına bağlı olduğunu aklımızdan çıkarmamamız gerekiyor.

7. Sınav yöntemi ve içeriği değişmeli

Ulusal sınavlarımız eğitim sisteminin pusulası görevini yürütüyor ve maalesef bu pusula şu haliyle öğrencileri yanlış yönlendiriyor. Günümüzde tamamen çoktan seçmeli ve temel becerilere dayalı sınavlar öğrencilerin ezber yeteneklerini ölçmekten öte bir işleve sahip değil. O nedenle eğitim reformunun başarısı, sınavların topyekûn gözden geçirilmesine bağlı. Tıpkı PISA'da olduğu gibi açık uçlu sorulara ve muhakeme, eleştirel düşünce gibi üst beceri seviyelerine hitap eden yeni bir ulusal sınav sistemi kurmak zorundayız.

Türkiye, dünyanın en iyi eğitim sistemini kursa dahi sadece eğitim sistemiyle çocuklarımız yeni ekonomide dünyayla rekabet edecek konuma gelemez. Katma değeri yüksek ekonomide başarılı olmanın yolu, elbette beceri sahibi çocuklar yetiştirmekten geçiyor, ama bununla birlikte bilgiye ulaşmanın önündeki engelleri kaldırmak ve adil rekabet ortamını sağlamak da gerekiyor. Ancak öyle bir ekosistemde bizim çocuklarımız da gelişmiş ülkelerdeki akranları gibi müreffeh bir yaşam için iyi bir başlangıç yapabilirler.

Türkiye'nin yeni bir eğitim ve kalkınma hamlesi olacaksa model aramaya gerek yok. Köy Enstitülerinden fen liselerine uzanan muazzam bir mirasın üzerinde yaşıyoruz. Geçmişte yaptık, istersek yine yaparız.

Nasıl yapacağız?

Ben böyle sisteme dair reform hayalleri kurunca ister istemez "Peki hocam, ama biz bu ortamda bütün bunları nasıl yapacağız?" diye içinizden geçirdiğinizi biliyorum. Hemen söyleyeyim, hayal kurarak yapacağız bütün bunları. Zira, bu hayallerin peşini bıraktığımız gün, bittiğimiz gündür. Koşullar hiçbir zaman hayal kurmak için elverişli değildir. Öyle olsa hayal olmazdı zaten. Büyük hayaller imkânsız koşullardan çıkar. Hepimizin çok iyi bildiği ama nedense çabucak da unuttuğu bir tarihi vaka üzerinden anlatayım derdimi. Ben de sizin gibi Atatürk'ün biyografisini defalarca okudum. İlkokul birden itibaren her sene Atatürkçülük ve İnkılap Tarihi dersleri alan kuşaktanım. Buna rağmen "Mustafa Kemal Atatürk" deyince beni en çok heyecanlandıran ayrıntıya o derslerin hiçbirinde rastlamadım. Önce bir belgeselde, sonra da birkaç kitapta bulduğum bir küçük ayrıntı, bana Mustafa Kemal'i okuduğum her şeyden çok daha iyi tarif etti. Anlatayım siz de hak vereceksiniz.

"Darılma ama Paşam, sizin de hayalperest taraflarınız var!"

Her anne babanın, her eğitimcinin çocuk yetiştirirken en çok sahip olması gereken şey geleceğe olan umududur. Ancak o umut olduğu zaman bugün karşılaştığımız zorlukların aşılmaz bir engel olmadığını anlayabiliyoruz. Şimdi gelin yakın tarihimizden bir olayı, tarih kitaplarında çok nadir anlatılan, Mazhar Müfit Kansu'nun *Atatürk'le Beraber* kitabında bahsettiği hikayesini hep birlikte hatırlayalım.

Olay 1919 yazında Erzurum'da geçmektedir. Topraklarının büyük çoğunluğunu kaybeden, girdiği her savaştan yenilgiyle çıkan bir imparatorluğun subayı, bir Anadolu şehrinde gelecek hayalleri kurmaktadır... O yaz ordudaki tüm görevlerinden istifa eden Paşa, bir süre sonra idam fermanıyla aranan sivil bir firaridir artık.

O serin Erzurum gecesinde Paşa oldukça düşüncelidir. Gittikçe ağırlaşan işgal şartları ve memleketin siyasi durumu karşısında maddi ve manevi sorumluluk, bir vatanın ve ulusun sorumluluğu, omuzlarına yüklenmiştir. Koşullar hayal kurmak için namüsaittir.

Paşa kendisini ziyarete gelen arkadaşı Mazhar Müfit Kansu'yu yanına çağırır:

– Mazhar not defterin yanında mı?

– Hayır, Paşam.

– Zahmet olacak amma, bir merdiveni inip çıkacaksın. Al gel.

Şafak sökmek üzeredir.

Mazhar Müfit hemen aşağı inip not defterini getirir. Paşa, Mazhar Müfit'in defterine günü gününe her hadiseyi not edişine hem memnun olur, hem de latife etmekten kendisini alıkoyamaz, Kalem Mahsus Müdürü Süreyya Bey'e döner.

– Hafızalarımız zayıfladığı zaman Mazhar Müfit'in defteri çok işimize yarayacak! der.

Sonra Mazhar Müfit'e döner.

– Amma Mazhar, bu defterin bu yaprağını kimseye göstermeyeceksin. Sonuna kadar mahrem kalacak. Bir ben, bir Süreyya, bir de sen bileceksin. Şartım bu...

– Buna emin olabilirsiniz Paşam...

– Öyleyse önce tarih koy!

Mazhar Müfit tarihi yazar: 7-8 Temmuz 1919. Sabaha karşı.

– Pekâlâ... Yaz!

– Zaferden sonra şekli hükümet Cumhuriyet olacaktır.

Gece uzadıkça liste de uzar. Paşa'nın hayalleri karşısında gayriihtiyari kalemi elinden düşüren Mazhar Müfit, Paşa'ya döner.

– Darılma amma Paşam, sizin de hayalperest taraflarınız var.*

Diyeceğim odur ki sevgili okur, eğer Mustafa Kemal o yokluk içinde ayakları yere basmayan hayaller kurduysa, bizim bugün elimizdeki bunca olanakla karamsar olmaya, yeni hayaller kurmaktan kaçınmaya hakkımız yok. O nedenle gelin çocuklarımız için ayakları yere basmayan hayaller kuralım. Evde, okulda, mahallede bu yeni hayallerde birbirimizi bulalım.

* Mazhar Müfit Kansu, *Atatürk'le Beraber*, Ankara, Türk Tarih Kurumu Basım Evi, 1997, s. 130.

Çocuğunuz okula hazır mı?

Okula hazırlık seviyesi çocuktan çocuğa değişir. Her çocuk okula farklı seviyelerde başlar. Anne babanın sosyoekonomik seviyesi, evdeki öğrenme materyalleri, yani başta kitap olmak üzere kalem, defter, oyun hamuru gibi araçların zenginliği çocuğun okula hazırlık seviyesini belirler. Türkiye'de çocukların okula hazırlık seviyesini ölçmek için Hacettepe Üniversitesi'nden Prof. Dr. Tülin Güler Yıldız Hoca'yla geliştirdiğimiz ölçekte okula hazırlık seviyesini hem akademik hem duygusal hem de fiziksel boyutlarıyla değerlendiriyoruz. Bu bağlamda hem bizim araştırmalarımız hem de literatürdeki farklı çalışmalar gösteriyor ki ailenin ötesinde bu hazırlık seviyesini belirleyen en önemli faktör, çocuğun okulöncesi bir eğitim kurumuna katılımı. Adı kreş olabilir, anaokulu olabilir, bakımevi olabilir... Önemli olan, çocuğa sunulan zengin içerik, çocuğun halinden anlayan, onunla sağlıklı diyalog kurabilen yetkin bir eğitmenin varlığı. Özellikle evinde sınırlı kaynağa sahip olan çocuklar, bu tarz bir okulöncesi eğitim kurumunda kendini ifade etmeyi, yönerge dinlemeyi, akranlarıyla işbirliği içinde çalışmayı, kalem veya makas tutmayı öğreniyorlar. Böyle bir okulöncesi eğitim tecrübesinden geçen çocuklar okula başladıklarında elbette akranlarından bir adım önde oluyorlar.

Türkiye bu yüzyılda dünya ile rekabet edecekse bunun yolu çocuklara ayak uyduran öğretmenler yetiştirmektir.

Okulöncesi eğitimin önemi aşikâr. Çocukların zihinsel gelişiminin en hızlı gerçekleştiği dönemde onlara zengin ve kaliteli bir eğitim olanağı sunmak, bir çocuğun geleceğine yapılan en önemli yatırım. Okulöncesi eğitimin zekâyı artırması çocukların daha zengin ve uyarıcı bir ortamda bulunmasından kaynaklanıyor. Ancak okulöncesi eğitimin faydası yalnızca zihinsel ve akademik başarıyla sınırlı değil. Okulöncesi eğitime katılan çocuk aynı zamanda sosyal ve duygusal gelişim anlamında da zengin bir öğrenme ortamına girmiş oluyor. Bu ortamda çocuk, oldukça erken yaşlarda aile dışında bulunmayı, akranlarıyla oyun yoluyla iletişimi ve anne baba dışında yabancı bir yetişkinle sağlıklı bir bağ kurmayı deneyimliyor. O nedenle ben ısrarla her anne babaya aynı tavsiyede bulunuyorum. Ev ortamınız ne olursa olsun, günde bir saat dahi olsa çocuğunuzu okulöncesi eğitim kurumlarına gönderin. Haftada bir günlük oyun grupları da olabilir, haftada beş gün birkaç saatlik kreş ya da anaokulu da olabilir. Çocuğun ihtiyacına, ailenin koşullarına ve bulunduğunuz ortamdaki olanaklara göre verilecek bir karar elbette.

Bu son nokta çok önemli. Etrafta kaliteli bir okulöncesi eğitim kurumu olacak ki çocuğunuzu gönderme kararı verebilesiniz. İşte bu noktada sizden bir ricam olacak. Gelin anne babalar olarak bu konuyu sahiplenelim. Türkiye'de kaliteli okulöncesi eğitim kurumlarının çoğalması için çaba harcayalım. Bunun için önce bizim bu konuda bilgilenmemiz şart. Ancak ondan sonra biz de kendi çevremizi bu güçlü argümanlarla bilgilendirebiliriz. Bu bağlamda benim elimde iki sağlam argüman var. İlki, yukarıda ifade ettiğim bilimsel olan: Çocuk beyninin en hızlı geliştiği dönemde onlara ulaşmak zorundayız! İkinci argüman ise tamamen ekonomik. Çocukların gelişiminde en yüksek geri dönüş aldığımız yatırım okulöncesine yapılan yatırım. Bunu ben demiyorum, Nobel Ekonomi Ödülü alan James Heckman diyor.

Benim 1 liram var. Bu parayı eğitimde nereye yatırırsam daha yüksek bir geri dönüş alırım? Yanıtı Nobel Ödüllü ekonomist Heckman veriyor.

Heckman, Chicago Üniversitesi'nde bir ekonomist. Çocuk gelişimi ya da eğitim uzmanı değil. Kendisi çok basit bir soru soruyor: Çocukların gelişim sürecinde hangi döneme yatırım yaparsak en yüksek geri dönüşü alırız? Yanıtı gayet net: Program kalitesine göre değişmekle birlikte okulöncesi eğitime yatırım 2 ila 8 kat geri dönüş sağlıyor. Aşağıdaki grafikte de gördüğünüz gibi ilk 6 yılda, yani okulöncesi dönemde çocuklarımıza yapılan her 1 birimlik yatırım ekonomiye 7 ile 10 kat arasında artışla geri dönüyor.

Eğitim yatırımlarının geri dönüşü
Cameiro ve Heckman (2003)

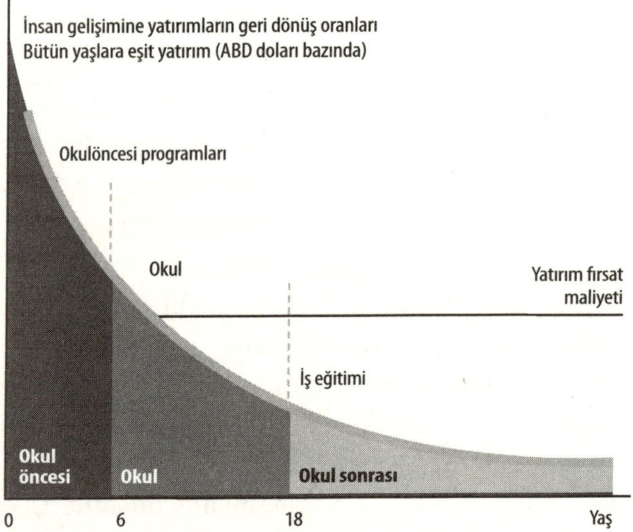

İlk 6 yıl erken çocukluk eğitimine yapılan her 1 dolarlık yatırım ekonomiye 7 ile 10 dolar arası dönüş sağlıyor.

Tabii bu ilk grafikteki figürler genel ortalamaları içeriyor. Eğer daha detaylı bir şekilde aile ortamını da işin içine katarak bakarsak ortaya daha dramatik bir fark çıkıyor. Yoksul, evinde eğitim kaynağı olmayan ve öyle olduğu için okulöncesi eğitime daha çok ihtiyacı olan kesimden, yani dezavantajlı çocuklardan söz ediyorum. İkinci grafikte göreceğiniz gibi, okulöncesi eğitime yapılan yatırım bu grupta çok daha büyük bir etki yaratıyor.

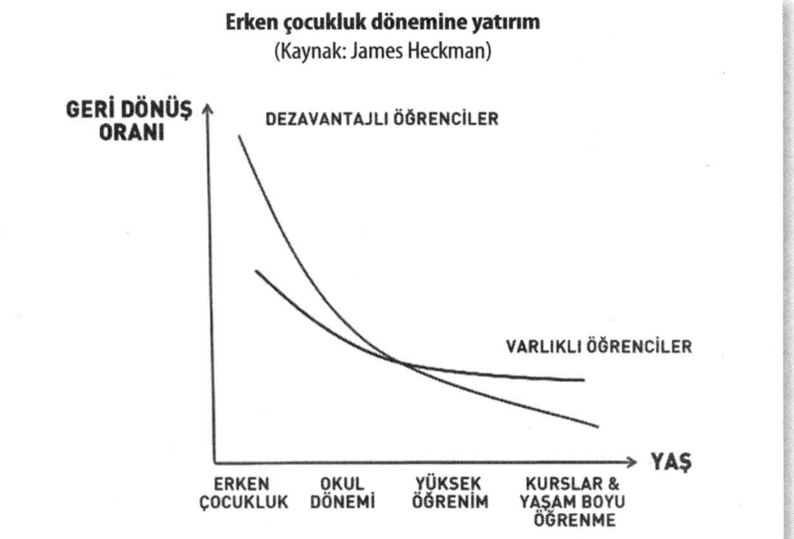

İşte tam da bu nedenlerle ben yıllardır hep aynı cümleyi kuruyorum: Her şehre bir üniversite yerine her mahalleye kaliteli bir okulöncesi eğitim kurumu açalım! Kısıtlı kaynağımızı okulöncesi eğitim kurumlarımıza yatıralım. Bu derdimi her platformda anlattığım için şimdi burada da siz anne babalara ve eğitimci meslektaşlarıma seslenmek istiyorum. Bir taraftan okulöncesi eğitimde reform talep ederken diğer yandan çocuklarımızla yeni bir kontrat yapalım. "Erken yaş" diye bir şey yok. Doğduğu andan itibaren onlarla konuşalım, şarkı türkü söyleyelim. Onlara yeni ve uçuk masallar okuyalım. Birlikte oyunlar oynayıp sonucunu bizim de bilmediğimiz projeler yapalım. Ve tüm çocukları ama özellikle de evinde zengin kaynağı olmayan çocukları kaliteli bir okulöncesi eğitim kurumuna kavuşturalım. Eğer okulöncesinde çocuklara iyi bir eğitim ortamı sunamazsak bırakın üniversiteyi, lise bile çok geç. Keşfedecek bir dünya onları bekliyor, yardımcı olalım.

Her velinin okuldan talep etmesi gereken 6 beceri

Elbette çocuğunuzu gönderdiğiniz okuldan birçok beklentiniz var. Örgün eğitimin amacı, çocukları geleceğe hazırlamak. Peki, nasıl bir gelecek bekliyor onları? O gelecekte çocuklar hangi becerilere sahip olmak zorunda kalacak? Harvard Innovation Lab'den Toni Wagner, işte bu sorulara yanıt arayan bir uzman. Oldukça yaygın kabul gören Wagner'in sistemine göre, çocuklarımızın dünyada rekabet edebilmek için sahip olması gereken 6 temel beceri var. Eğer başta okullar olmak üzere çocuklarımıza bu becerileri kazandırabiliyorsak geleceğe umutla bakabiliriz. O nedenle her anne baba, okullardan şu 6 beceriyi öğretmesini talep etmeli. Bu becerileri öğreten okullara, öğretmenlere kıymet vermeli. Peki, nedir bu beceriler?

1. Eleştirel düşünme ve problem çözme becerisi

Var olanı olduğu gibi kabul eden, her şeye "Evet" diyen birinden ne mucit olur ne de kâşif. Bilge Selçuk Hoca ve arkadaşlarının yaptığı bir araştırmaya göre, Türkiye'deki anneler çocuklarında en fazla şu özellikleri arıyor: Uslu olma, saygılı olma, söz dinleme. Dikkat ederseniz, bu özellikler koşulsuz itaat içeriyor. İçinde eleştirel düşünme, itiraz etme yok. Oysa içinde bulunduğumuz devir soruların çoğaldığı, yanıtların eskidiği bir dönem. Her alanda eleştirel düşünenlerin ileri gittiği bir devir. Gerek beşeri gerekse de ekonomik gelişim için itiraz eden yeni nesillere ihtiyacımız var. İtaat edenlerin ne yenilik ne de inovasyon yapamayacağı çok açık.

2. Hayatın farklı katmanları arasında işbirliği kurma becerisi

İnsanlık tarihinin en büyük insan hareketiyle karşı karşıyayız. Hem ülkeler içinde hem de ülkeler arasında müthiş bir göç hareketi var. Doğduğu kültürde yaşayanların sayısı hızla azalıyor. Kendi mahallesini terk etmeyenler, bir süre sonra kendini tekrara düşüyor. Bütün bu insan hareketliliği içinde hayatın farklı katmanlarından gelen bireylerin huzur içinde bir arada yaşaması, ortak amaçlar için işbirliğine girmesi her zamankinden daha önemli bir ihtiyaç haline geldi. O nedenle önümüzdeki zaman, bu işbirliğine yatkın olanların daha başarılı olduğu bir dönem olacak. Eğitimden iş dünyasına artık sadece bireysel meziyetlere değil, takım çalışmasına bakılıyor.

Müsaadenizle bu konuyu biraz açmak istiyorum, zira bizde son zamanlarda tüm vurguyu bireye yapma moda oldu. Oysa önemli olan grup çalışma becerisi kazanmak.

OECD yine eğitim bakanlıkları aracılığıyla bizim de katıldığımız araştırmada 15 yaşındaki gençlerin ortaklaşa, yani takım halinde problem çözebilme becerisini ölçüyor. Gençler kendilerinden farklı olanlarla takım kurup problem çözebiliyor mu? Kendine benzemeyeni dinleyebiliyor mu? Bireysel olarak değil, takım halinde ortak bir hedefe gidebiliyorlar mı? Bu sorulara yanıt arayan araştırmada bizim çocuklar 32 OECD ülkesi arasında açık ara en son sırada yer alıyor. İnsan bu verilere bakınca, Anadolu'nun kadim kültürü içinde derin izleri olan imece kültürüne ne olduğunu merak ediyor.

3. Zihinsel çeviklik ve esneklik

Değişen koşullar ve veriler doğrultusunda fikrinizi değiştirebiliyor musunuz? Yargılarınızı hayatla sınadığınızda esneklik gösteriyor musunuz? Veriye ulaşmanın bu kadar kolay olduğu, yeni bilimsel çalışmaların her gün bildiklerimizi gözden geçirmemize sebep olduğu bir çağda sabit fikirli olanların ileriye gitmesi çok zor. Bu çağ, zihinsel esneklik çağı. Bizim biraz da sınav sistemiyle beslenen "doğru şık" hastalığımız çocuklarımızın zihinsel çeviklik ve esneklik becerisi kazanmalarının önündeki en büyük engel. Tek bir fikre verilerden bağımsız saplanıp kalanların, fikir değiştirmeyi zayıflık olarak görenlerin çok zorlanacağı bu çağda çocuklarımıza zihinsel esneklik kazandırmak zorundayız.

4. İnisiyatif alma ve girişimcilik

Sesini çıkartanın susturulduğu bir ortamda inisiyatif almak zor, yeni bir şeye girişmek daha da zor. Ama içinde bulunduğumuz küresel rekabet ortamında tutunabilmemiz için çocuklarımıza önce evde, sonra okulda olmak üzere inisiyatif almayı öğretmemiz gerek. Fikirlerini ifade etmeleri için onları teşvik etmek, onların yeni projelere girmelerine destek olmak gerekiyor. Deney yapmaktan iş kurmaya her alanda çocuklarımızın kendi hayallerini gerçekleştirmelerine önce evde, sonra okulda zemin hazırlamalıyız. Bu beceriyi erken yaşlarda kazanmayan çocukların ileride yeniliklere öncülük etmesi çok zor.

5. Sözlü ve yazılı iletişim

Bilmek artık yetmiyor. Google'ın var olduğu bir ortamda herhangi bir veriyi ezberden tekrar etmek, kendi başına kıymetli bir meziyet değil. Bu dönem, bildiğini iyi ifade etme devri. Hem sözlü olarak grup çalışmalarında hem de yazılı olarak kendini iyi ifade etmek başlı başına özgün bir beceri seti. Sadece bilen değil, bildiğini anlaşılır şekilde ifade eden bireylere ihtiyacımız var. Kendini ifade edemeyen, bunu gerektiğinde bir metne dökemeyenler zaten her devirde oldukça zorlanıyordu, şimdi daha da çok zorlanacaklar.

6. Bilgiye ulaşma ve işleme becerisi

Bu çağda ihtiyaç duyulan bir diğer beceri, bilgiye hızlı bir şekilde ulaşmak, daha da önemlisi pek çok farklı kaynaktan elde edilen bilgiyi etkili bir şekilde analiz etmek. Bilgi hamallığına değil, bilgi işleme ustalığına ihtiyacımız var.

Şimdi eğri oturup doğru konuşalım. Sizce bizim okullar bu becerileri ne oranda kazandırıyor çocuklarımıza? Bizler anne baba olarak evde çocuklarımızın bu becerileri kazanması için ne kadar çaba harcıyoruz? Çocuklarımızı sadece kendimiz için ya da sadece kendi ülkemizdeki rekabet için yetiştirmiyoruz. Onları birer dünya yurttaşı olarak da yetiştiriyoruz. O nedenle onların karışacağı dünyada bu yukarıda sıraladığım becerilere sahip olanlar bir adım ileri gidecek. Bizim çocuklarımıza bu becerileri kazandırmamız işte bu nedenle önemli.

EBEVEYNE NOT

Çocuğunuzla felsefe yapın!

Çocukların düşünce dünyasında felsefeye yer var mı? Felsefe biraz da asık suratlı bir yetişkin uğraşı değil midir? Yerinde duramayan, hareketli, kıpır kıpır çocuklarla iletişim kurmak için ailelerin felsefeden çıkaracağı dersler neler? ODTÜ'den sınıf arkadaşım şimdi Akdeniz Üniversitesi'nde profesör olan sevgili Çetin Balanuye bu ve benzeri soruları gülümseyerek yanıtlıyor. "Çocuklar için felsefe" (Philosophy 4 Children) bu çağın en anlamlı çabalarından biri. Çocuklarla birlikte "düşünmek", yetişkinlerin de çoktan yitirdiği "bütünselliği" yeniden kazanmak anlamına geliyor. Kendisi de bir okulda çocuklarla felsefe etkinliği tasarlayan Çetin Hoca, son zamanlarda yapılan araştırmaların, felsefenin özellikle okul çağındaki çocuklar üzerinde muazzam olumlu etkisi olduğunu gösterdiğini söylüyor. Bu alanlardan en belirgin iki tanesi matematik ve dil becerileri. Çünkü felsefe, adeta tüm bilgi alanları için zorunlu olan bir "zihinsel hazır bulunuşu" kendisine konu edinen bir alan. İşte bu yüzden dünyada felsefeyi yeniden çocukların dünyasına sokmak için yaratıcı yollar aranıyor.

Çetin Hoca'ya göre bu arayışta anne babalara da iş düşüyor. "Çocuklar filozoftur ve onların bu doğal yatkınlığı eğitim-öğretim süreçlerinde hızla kaybolur" diyor. "Biz çocuklardaki doğal felsefi tavrın, merak, sorgulama, eleştiri ve cesaretin törpülenmeyeceği, tersine destekleneceği etkinlikler için bir ortam yaratmak istedik. Bu doğal felsefi tavır, bilimin, teknolojinin, icat ve keşfin arkasındaki itici güçtür. Daha doğrusu, ancak bu felsefi tavrın olduğu yerde diğerleri olur. Eğitim sistemimizin felsefeye hiç olmadığı kadar gereksinim duyduğu bir çağda yaşıyoruz."

"Çocuklar için felsefe" deyince insan biraz ürküyor, o nedenle Çetin Hoca anne babalardan 3 somut adım atmalarını istiyor:

1. Çocuk için en iyisi açmazlar, problemler, sahici yaşam güçlükleridir. Onu çözümlerden önce bunlarla karşılaştırın. Yani çelişkiler, yapboz ya da bulmacalar üzerinden bir meselenin birden çok boyutu olduğunu görmesini sağlayın.

2. İki çocuk arasında pastayı paylaştıran siz olmayın; onlara önce sorundan söz edin: "Bir pasta var ve bunu ikinize en adil şekilde nasıl paylaştırabilirim?" Sonra da en adil yolu bulduğunuzu söyleyip birine pastayı kesme, diğerine de istediği parçayı seçme hakkı verin. Bütün bu süreçte çocukları kendi başlarına ve bağımsız bırakın. Onlar yolunu bulacaktır.

3. Çocuklarınızla sahici aile sorunlarınızı tartışın, insan her yaşta kendisiyle dertleşilmesini önemser. "Paramız yok, alamayız" ifadesi, çocukla azar azar başlamış ve gelişmekte olan bir "bütçe" kavramından/probleminden kopuksa yersiz bir tepkiye dönüşür. Her aile gibi sizin de sınırlı bir kaynağınız olduğunu, ama yine her aile gibi sınırsız arzularınız olduğunu ona anlatın. Bu açmazla nasıl başa çıkabileceğinizi birlikte arayın.

Çocuğunuz bilgisayar okuryazarı mı?

Sanayi Devrimi'ne girerken treni kaçırdık. O ihmalin bedelini sonraki kuşaklar ödedi, hâlâ ödüyoruz. Son iki yüzyıldaki tüm çabalarımıza, kalkınma hamlelerimize, çağ atlama telaşımıza rağmen bugün itibariyle gelişmiş ülkelerle aramızdaki refah makası kapanmış değil. Hatta son yıllarda belli göstergelere baktığımızda bu makasın daha da açıldığını fark etmek mümkün. Makas açılıyor, çünkü biz yarışa çok geç başladık. Tren istasyonu terk ettikten sonra koşarak o trene yetişilmez... İşte tam da bu nedenle şimdi aynı hatayı tekrar etmemek için elimizi çabuk tutmamız gerekiyor. Çünkü yeni tren, kiminin "Endüstri 4.0", kiminin "katma değeri yüksek ekonomi", kiminin de "yüksek teknoloji çağı" dediği yeni bir devir.

Gelişmiş ve gelişmekte olan ülkeler de bir anlamda bu yarışa geriden başlıyor. Herkes hummalı bir şekilde çocuklarına bu yeni yarışta başarılı olacakları becerileri kazandırma telaşında. Ya bu sefer bu yeni trene binip yeni ekonomiye geçeceğiz ya da bir yüzyıl daha çocuklarımız kaçırdıkları trene üzülüp bize kızacak. Aynı hatayı iki kere yapma hakkımız yok. Peki, biz bu yeni yarışa çocuklarımızı nasıl daha iyi hazırlayabiliriz? Tabii ki eğitimle ama sadece okuduğunu anlama, fen ve matematik becerisi yetmeyecek bu yarışta ileri gitmek için. Çocuklarımızın bu çağda dünyayla rekabet edebilmesi aynı zamanda bilgisayar okuryazarlığı kazanmasına da bağlı. Peki, dünyada bizim çocuklar bu beceri setinde nerede?

The International Association for the Evaluation of Educational Achievement (IEA) tarafından gerçekleştirilen Uluslararası Bilgisayar ve Enformasyon Okuryazarlığı Çalışması (International Computer and Information Literacy Study – ICILS) çocukların bilgisayar okuryazarlık seviyesini tespit ediyor. Her ülkede 8. sınıf öğrencilerinin evde, okulda veya iş ortamında bilgisayarı araştırma, üretme ve iletişim kurma amacıyla kullanma becerisini ölçüyor. Test aslında bir problem çözme mantığını ölçüyor. Çocuklara çeşitli sorunlar veriliyor ve bu sorunları bilgisayar aracılığıyla çözmeleri isteniyor. Çoktan seçmeli değil, problem çözme odaklı bir test... Bu değerlendirmenin sonucu bizim için iç açıcı değil. Çalışmaya katılan 21 ülke içinde bizim çocuklar en son sırada yer alıyor! Çekya, Avustralya, Polonya ve Norveç birbirine yakın puanlarla ilk sıraları paylaşıyor. "Hocam zaten 21 ülke var, onların içinde sonuncu olmak iyi" derseniz size şu ek bilgiyi hatırlatmak isterim: Çok daha fazla sayıda ülkenin katıldığı Enformasyon ve İletişim Teknolojileri Endeksi'nde (Information and Communication Technology Indeks – ICT) en son verilere göre 69. sırada yer alıyoruz. Bu can sıkıcı istatistikler tek bir kaynaktan gelse şüpheyle bakardım, ama son dönemde bu konularda farklı kaynaklardan benzer veriler geliyor. PISA problem çözme testinden fen ve matematik ölçümlerine, inovasyon istatistiklerinden patent başvurularına tüm veriler birbirini destekler nitelikte. Nereden bakarsanız bakın ortada bir vaka var: Çocuklarımıza bu çağın temel becerilerini kazandıramıyoruz! Bu nedenle hepimize iş düşüyor. Elbette okulların yapacağı çok iş var. Elbette eğitim sistemine karar veren yasa yapıcıların ve uygulayıcıların yapacağı çok iş var. Ama bu kitabın odağı çocuklar olduğu için ben anne babaların yapacaklarına odaklanacağım. Her konuda olduğu gibi, bu konuda da işe aileden başlamak gerekiyor. Üstelik bu sefer okulun dışında çocuğumuza beceri kazandırmak için her zamankinden daha fazla araç var. İşe kodlamayla başlayabiliriz.

Çocuğumun kodlama öğrenmeye ihtiyacı var mı?

Kodlama moda bir kelime oldu, o nedenle biraz açalım. Etrafta gördüğünüz "akıllı" her şeyin arkasındaki sistemlerin her biri kodlamaya dayanıyor. Bu nedenle kodlamaya bütün dünyada ciddi bir talep var. Bakın sırf code.org sitesi yarım milyarı aşkın online ders vermiş. Bizim de bu yarışa çocuklarımızla girmemiz gerekiyor. Çünkü kodlama becerisine sahip çocuklar küresel yarışta akranlarından bir adım daha önde olacak. Tabii her çocuk illa kodlama öğrenip yeni bir yazılım ortaya çıkaracak diye bir kural yok. Ama tıpkı spor ve sanatta olduğu gibi çocuklarımıza kodlama öğrenme fırsatı sunmamız gerekiyor. Kodlamanın başlangıcının mantık olduğunu hesaba katarsak kodlama öğrenmeye okulöncesi dönemden başlanabilir. İngiltere, 5 yaşındaki çocuklara kodlama algoritmasını yapboz ve mantık oyunlarıyla öğretiyor. Estonya ve Finlandiya gibi pek çok ülke kodlama dersini 1. sınıftan itibaren başlatıyor. Bizim de bir an evvel bu adımı atmamız gerekiyor.

Ama kodlama okulda öğrenilmek zorunda olan bir beceri değil, evde de pekâlâ bir çocuk anne babasının desteğiyle kodlama öğrenebilir. Bu, benim uzmanı olduğum bir alan değil. O nedenle gerek NYU'da birlikte proje geliştirdiğim NYU Create Lab ekibinden Umut Projesi'ni yürüttüğüm Dr. Jan Pless'e gerekse de Türkiye'den iki akademisyen arkadaşıma, Bahçeşehir Üniversitesi'nden Prof. Dr. Şirin Karadeniz ve Gazi Üniversitesi'nden meslektaşım Prof. Dr. Selçuk Özdemir'e danışarak evde çocuklara kodlama öğretirken dikkat edilmesi gereken 5 noktayı belirledim.

1. Kodlama bir hayali gerçekleştirme aracıdır

Kodlama bir araç. Eğer çocuklarımıza bu aracın ne işe yaradığını somut örneklerle inandırıcı bir şekilde anlatamazsak, bu yazının devamında anlatacaklarımın bir anlamı kalmaz. Çünkü motivasyon olmadan öğrenme olmuyor. Selçuk Özdemir Hoca, çocuklarımıza kodlamayı "hayal ettiğini üretebilme" becerisi olarak anlatmamız gerektiğini söylüyor.

2. Bilgisayar olmadan da kodlama öğrenilebilir

Şirin Hoca'ya göre yeterli teknolojik malzememiz yoksa da kodlama mantığını edinmek için evde yapılacak çok şey var. Başlangıç için önerdiği site "www.csunplugged.org" ki burada aktivitelerle bilgisayarsız kodlama etkinlikleri mevcut. Aynı şekilde www.bilgekunduz.org adresinde de bolca Türkçe kaynak var. Bu iki kaynak dışında çocuklara kodlama öğretmek için yayımlanan Türkçe kitaplar, dergiler ve bloglar da mevcut.

3. Evde kodlama için online kaynaklar mevcut

Evde kodlamayı bilgisayar aracılığıyla öğrenmek için akla gelen ilk kaynaklar şunlar: "code.org, khanacademy.org" dersleri, "kodris.com" ve "appinventor.mit.edu". Bunların dışında Scode, Kodable gibi tablet uygulamaları ve Alice, Scratch, Kodu gibi programlar da mevcut. Fiziksel programlama araçları (Ardunio, Rasperry Pi vb.) veya robotik setleri ile STEM (fen, teknoloji, mühendislik ve matematik) çerçevesinde kodlamayı ilerletmek de mümkün. Şirin Hoca bu programların yaş ve deneyime göre seçilmesini ve ilk kez başlayacaklar için blog tabanlı programlama araçlarını öneriyor.

4. Kodlama sosyal bir uğraştır

Evde kodlama üzerine konuştuğum herkesin üstünü çizdiği ortak bir nokta var. Kodlama tek başına öğrenilen bir beceri, ama gelişmesi aile ve akran desteğine bağlı. Kodlama etkinliklerini ailelerin çocuklarıyla yapması kadar çocukların kodladıkları ilk programları hem aileleriyle hem arkadaşlarıyla paylaşmalarının zemininin muhakkak yaratılması da önemli. Selçuk Hoca, kodlama alanında ilerleyen çocukları arkadaşlarıyla bir araya getirerek, onlara oyun hedefleri koymayı, oyunu beraber geliştirmeleri için de süre vererek bir ödül mekanizması kurmayı öneriyor.

5. Her çocuk yazılımcı olacak diye bir kural yok

Son olarak şunu da eklememe müsaade edin: Kodlama becerisi önümüzdeki dönemde kıymeti hızla artacak önemli bir beceri. Ancak tıpkı fen ya da matematik becerisi gibi kimi çocuk kodlama becerisini kavramak için daha çok uğraşacak, kimisi de sıkılıp bırakacak. Yani her çocuk kodlamada ilerleyecek diye bir kural yok. Ebeveynin görevi, zorla bir beceriyi kazandırmak olamaz. Bize düşen, çocuğumuza öğrenme fırsatı vermek. Gerisini onlar deneyerek bulur.

Okulu eve taşıyan araç: Ödevler ne işe yarar?

Türkiye'de çocuklara çok mu ödev veriliyor? Daha fazla ödev, daha çok başarı getirir mi?

Türkiye'deki ödev yükünü dünyayla kıyaslamak için elimizde iki veri tabanı var. Biri 8. sınıfta ödev konusunu araştıran TIMSS, diğeri de 15 yaş grubundaki lise öğrencilerinde benzer çalışmayı yapan PISA. Bu iki farklı veri tabanına baktığımızda iki farklı sonuçla karşılaşıyoruz. TIMSS'e göre Türkiye 8. sınıflarda en çok ödev veren 5. ülke. Ancak OECD'ye göre 15 yaş grubu lise öğrencilerine verilen ödev yükünde ortalamanın epey altında yer alıyoruz. Harris Cooper tarafından yapılan kapsamlı ödev analizinde önerilen ise bunun tam tersi. İlkokul ve ortaokulda ödevin azı, lisede ise ödevin çoğu makbul!

8. sınıflarda ödev başarıyı negatif olarak etkiliyor!

TIMSS sonuçlarına göre, 8. sınıf öğrencilerimizin yüzde 8'i haftada üç saat ya da daha fazla fen bilgisi ödevi yapıyor ve bu öğrencilerin ortalama fen bilgisi puanı 466. Öğrencilerin çoğunluğu (yüzde 54) ise haftada 45 dakika ya da daha az fen bilgisi ödevi yapıyor ve bu öğrencilerin ortalama fen bilgisi başarı puanı 487. Yani, en fazla fen bilgisi ödevi yapan öğrenciler Türkiye'de fen bilgisi testinde en başarısız olan grup!

15 yaş grubundaki gençlerde ödevin başarıya etkisi Türkiye'de negatif!

PISA sonuçlarını incelediğimizde ise asıl çarpıcı sonuçla karşılaşıyoruz. Tüm OECD ülkelerinde yapılan analizde, ödeve harcanan zaman genel olarak başarıyı pozitif olarak etkiliyor. Ödev süresi arttıkça başarı da artıyor. Ancak Karadağ'dan sonra ödev süresinin başarıyı negatif olarak etkilediği ikinci ülke Türkiye. Yani diğer pek çok ülkenin aksine, bizim çocuklar ödev için daha fazla vakit harcadıkça PISA testinden aldıkları puan düşüyor! Gerçekten açıklanmaya muhtaç bir durum!

Bu çocuklara yazık! Ödev her ülkede başarıyı pozitif olarak etkiliyor. Türkiye (bir de Karadağ) hariç. Bizde ödev arttıkça başarı azalıyor! Bunun temel sebebi, ödevde niceliği niteliğin üstünde tutmamız. Proje bazlı ödev yerine ezber bazlı test veriyoruz.

Bizde lise yıllarında ödevin başarıyı düşürmesinin nedenlerinden biri, verilen ödevlerin niteliği. Ödevin başarıyı pozitif olarak etkilemesi için hem ders tekrarı (pratik) hem derse hazırlık hem uygulama hem de entegrasyon (yaratıcılık) amaçlı olması gerek. Benim tahminim, bizdeki ödevlerin daha ziyade ilk iki gruba odaklandığı, uygulama ve entegrasyona dayalı ödevlerin ise ya hiç olmadığı ya da çok az olduğu.

Proje bazlı dönemsel ödevler en makbulü, zira o zaman çocuk okulda keşfedilmeyen becerilerini ortaya çıkartıyor ve yaratma sürecini kavrıyor!

Sonuç olarak Türkiye daha az ödev vermesi gereken ilköğretim yıllarında çok ödev, daha çok ödev verilmesi gereken lise yıllarında daha az ödev veriyor. Bu politikanın küçükleri okuldan soğutmaktan, büyükleri öğrenme fırsatlarından uzaklaştırmaktan başka bir faydası yok.

Ya özen gösterip yaşa uygun zengin içerikli ödevler hazırlayalım ya da hiç ödev vermeyelim. Çünkü bizim verdiğimiz ödevler çocukların başarısını artırmıyor, tam tersine ciddi oranda azaltıyor. PISA'da en başarılı ülkeler arasında yer alan Finlandiya ve Güney Kore en az ödev veren iki ülke! O nedenle bu verilere bakınca benim önerim bu tarz ödevler vermek yerine Türkiye için *ödevsiz* bir sistem. Çok ödevin faydası yok, zararı çok! Çocukları okuldan soğutmanın, öğrenme tutkusundan uzaklaştırmanın daha etkili bir yolu yok...

Yukarıda genel olarak ödevler konusunda yaptığımız hesabı yalnızca fen dersleri üzerinden de yapmak mümkün. Türkiye PISA verilerine göre 34 OECD ülkesi içinde fen alanında da en çok ödev veren ülke. Bizim çocuklar haftada ortalama 4,7 saat fen ödevi yapıyor. Bu rakama özel ders ve kurslar da dahil. Peki, fen dersleri için ödevlere harcanan zamanda OECD ortalaması kaç saat dersiniz? 3,2 saat! OECD içinde fen puanında zirvede olan Japonya'da çocuklar ödev, kurs ve özel derslere haftalık ortalama 2 saat harcıyor, bizim çocuklar ise bunun iki katından daha fazla zaman ayırıyor. Ama performansa baktığımızda Japonya zirvede, biz ise PISA'da sonunculuğu Meksika'yla paylaşıyoruz.

Şimdi gelin matematik ödevleri üzerinden aynı verilere bir kez daha bakalım. Her bir saatlik matematik ödev artışı, öğrencilerin PISA matematik puanına ne kadar etki ediyor? Soru bu. Tahmin edeceğiniz gibi hafta içinde her bir saatlik ödev artışı çocukların başarısını 5 puan artırıyor, ki bu PISA içinde göz ardı edilemeyecek bir artış. Yani ödev net başarıyı artırıyor. Ancak bu denklemi bozan bir OECD ülkesi var, o da Türkiye! Bizim çocuklarda bir saatlik artış, 5 puanlık düşüşe denk geliyor. Oysa İtalya ve Almanya'da aynı oranda ödev, 15 puanlık artışa denk geliyor. Japon öğrenciler için bu artış 20 puan, Çinliler için ise artış 30 puanı geçiyor! Finlandiya ve Güney Kore'yi saymıyorum, zira yıllardır eğitimde zirvede olan bu ülkelerde ödev ya hiç yok ya da çok sınırlı bir şekilde var.

Çare ödevi yasaklamak değil

Harris Cooper'ın yüzlerce araştırmayı özetlediği meta-analizine göre, ödevler başarıya katkıda bulunuyor ama bu etki okul seviyesine ve ödevin niteliğine göre değişiyor. Çocukların yaşı ilerledikçe ödevin de etkisi artıyor. İlkokul çağında ödevin etkisi az, ortaokul ve lisede daha fazla. Önemli olan ödevin niteliği. Ders tekrarı (pratik) için verilen ödevler çok etkili olmuyor mesela. Derse hazırlık amacıyla verilen ödevler (son dönemde *flipped classroom* diye de tanımlanıyor) çocukların merak duygusunu artırıyor ve derste geçen zamanı daha verimli kılıyor, dolayısıyla daha etkili. Ancak en etkili ödevler proje bazlı, uygulama ve yaratıcılık gerektiren ödevler.

Birinci sınıfta 10 dakika ödev yeter!

Özetle, ödeve harcanan zaman arttıkça başarı da doğrusal olarak artmıyor. Eğitimde pek çok sorunumuz var ama bunları gidermenin yolu çocukların ödev yükünü artırmak değil. Az ama kaliteli ödev verince sonuç iyi oluyor. Az derken çok az, demek istiyorum. İlla bir rakam verecek olursak, Cooper'ın çalışmasından yola çıkarak OECD'nin önerdiği yol haritasını uygulayabiliriz. Birinci sınıfta günlük 10 dakika, sonraki her sınıf için ek 10 dakika daha. Yani 4 sınıfta günlük 40 dakika. Ortaokulda günlük en fazla 90 dakika ve lisede de en fazla 120 dakikalık ödev verilmeli. Bu süreleri aşan ödev yükü, okuldan ve öğrenmeden soğuma dışında başka bir işe yaramıyor... O nedenle bir veli olarak aman okullarda öğretmenlerden daha fazla ödev talep etmeyin.

Öğretmenler "Veli çok ödev istiyor",
veliler "Öğretmen çok ödev veriyor" diyor.
Olan çocuklara oluyor...
Öğrenmeyi hamallık yaptık!

Yeni bir kavram: Tatilde öğrenme kaybı!

Yaz tatili, kitapların rafa kaldırıldığı, öğrenmenin aylarca durdurulduğu, çocukların ekranlara teslim edildiği bir dönem olmamalı!

Anne baba olarak okulda olup bitenlere müdahale fırsatımız ya politik düzeyde ya da birebir okul aile birliği toplantılarıyla oluyor. Bunun ötesinde çocuklarımızın öğrenme süreçlerine destek olmak için anne baba olarak bizim tek müdahale alanımız okul dışı zaman kullanımı. Bu bağlamda en önemli soru, tatilde çocukların ne yaptığı. Özellikle Türkiye gibi yaz tatillerinin çok uzun olduğu ülkelerde anne babalara tatilde büyük sorumluluk düşüyor. İşte bu noktada yeni bir kavramı tanıtmak için yıllardır uğraşıyorum: Tatilde öğrenme kaybı!

Önce bir tarif yapalım. Tatilde öğrenme kaybı öğrencilerin özellikle uzun yaz tatillerinde bildiklerini unutmaları, öğrendikleri bilgileri tatil sürecinde kullanmadıkları için kaybetmeleri anlamına geliyor. Tatilde öğrenme kaybı her öğrenci için eşit seviyede olmuyor. Bazı çocuklar yaz tatilini iyi değerlendirerek bırakın kaybı, tatilden kazançla çıkıyor, bazı çocuklar ise tatilde bildiklerini de unutarak bir sonraki sınıfa başlıyor. Evet, çocukların sene içinde öğrendiklerini bir sonraki döneme taşıyıp taşıyamadıklarından söz ediyoruz. Maalesef tahmin ettiğinizden daha geniş bir grup çocuk, sene içinde okulda öğrendiklerinin önemli bir kısmını yaz tatilinde kaybederek bir sonraki sınıfa geçiyor. İşte bu duruma "tatilde öğrenme kaybı" diyoruz. Maalesef ülkemizde birinci sınıfta okumayı söküp, yaz tatilinde hiç pratik yapmadığı için ikinci sınıfa okumayı unutarak başlayan çocuklar var. Aynı durum ileriki sınıflarda matematik, fen gibi diğer alanlarda da geçerli...

Giderek açılan bir makas!

Yapılan uzun soluklu araştırmalar gösteriyor ki öğrenciler matematik ve okuma yazma gibi temel derslerde öğrendiklerinin neredeyse 10'da 1'ini, yani ortalama 1 aylık müfredata denk gelen bilgi ve beceriyi her yaz tatilinde kaybediyorlar. Aşağıdaki grafikte de görebileceğiniz gibi, bu kayıp en fazla ilkokul çağında ve ilk dört yılda gözlemleniyor. Ancak ortaokul ve lise yıllarında da sene içinde öğrendiklerini tatilde unutan çocuklar var. Öyle olduğu için yaz tatillerinde öğrenme kaybı yaşayan çocuk üniversite sınavına geldiğinde benzer bir kaybı yaşamayan akranından en az bir yıl geriden gelmiş oluyor. O seviyede bir yıllık fark, hiçbir test hazırlığıyla kapanmayacak bir makas demek.

Eğitimde fırsat eşitliği için okul dışı zamana bakmalı, çünkü farklı kesimlerden gelen çocuklar arası makas okulda azalıp okul dışında artıyor!

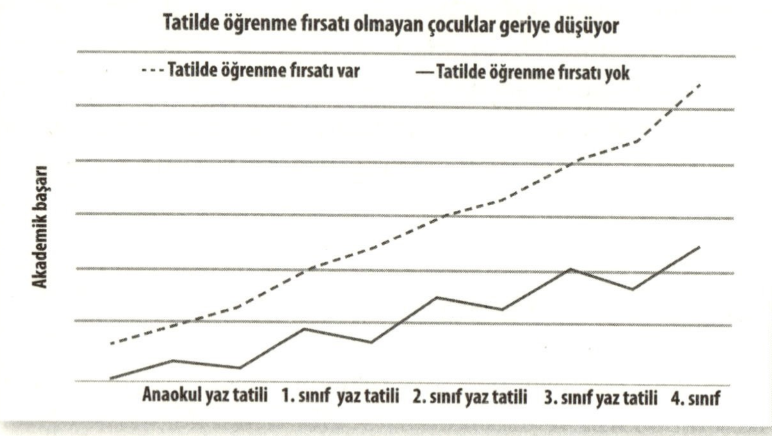

Asıl kaybeden yoksul çocuklar!

Çağımızın acı gerçeği şu ki yoksul ve eğitimsiz ailelerden gelen çocuklar ile varlıklı ve eğitimli ailelerden gelen çocuklar arasında akademik başarı bakımından büyük fark var. Bu farkın kaynağı üzerine doktora tezi yazmış biri olarak uzun uzun burada verileri paylaşmama gerek yok. Siz biliyorsunuz zaten. Evinde kitap olan, anne babası üniversite okuduğu için zengin eğitici materyal bulunduran, çocuğunu eğitici süreçlere katan, başka alanlardan kesip eğitime yatırım yapan ailelerin çocukları okulda daha başarılı oluyor. İşte bu farkı ortaya çıkaran iki mekanizma var. Birinci mekanizma, bu kitapta uzun uzun anlattığım okulöncesi dönemde ailelerin ne yaptıkları ya da ne yapmadıkları. İkinci mekanizma ise okul dışı zamanlarda ailelerin ne yaptıkları ne yapmadıkları.

Tatilde öğrenme kaybı en çok dar gelirli ailelerin çocuklarını etkiliyor. Okul farkı kapatıyor, yaz tatili açıyor!

Sosyal devlet kavramı içinde devlet okullarının temel varlık sebeplerinden biri, toplumda farklı kesimlerden gelen çocuklara eşit öğrenme fırsatı vermektir. "Toplumsal mobilizasyon" dediğimiz bu olgu, yani yurttaşların eğitim aracılığıyla sınıf atlama fırsatı yakalaması, işleyen bir demokraside her yurttaşın arzu ettiği bir idealdir. Her çocuk, anne babasının sosyal ve ekonomik koşulundan bağımsız olarak akranlarıyla benzer bir öğrenme fırsatı elde etmelidir. Bu fırsat eşitliği, sosyal devletin olmazsa olmazıdır. Ülkemizde Köy Enstitüleriyle, öğretmen okullarıyla, yatılı okullarla bu amaca yönelik pek çok başarılı adım atılmıştır.

Daha önce de ifade ettiğim gibi, bu bağlamda okullar genel itibariyle bu toplumsal mobilizasyon işlevini ancak bir noktaya kadar gerçekleştirebiliyor. Her senenin başında yoksul ve varlıklı ailelerden gelen çocuklar arasındaki makas, okulun açık olduğu dönem boyunca kapanıyor. Yani yoksul ve varlıklı ailelerden gelen çocuklar arasındaki fark, eylül ayından haziran ayına kadar geçen dönemde bir nebze de olsa azalıyor. Ancak bu makas okulun tatile girdiği yaz aylarında yeniden açılıyor. Bir başka ifadeyle, tatilde öğrenme kaybı devreye giriyor. Çünkü varlıklı aileler çocuklarına yaz ayları boyunca yeni öğrenme fırsatları sunarken yoksul aileler bu fırsatı sunmakta güçlük çekiyor.

Tatilde öğrenme kaybıyla başa çıkma kılavuzu

Tatilde ödev olmaz!
Ama tatilde öğrenme kaybı olur!

Tatilde öğrenme kaybını azaltmak, hatta bu trendi tersine çevirmek mümkün. Eğitimdeki pek çok sorun gibi tatilde öğrenme kaybı da çaresi olan bir dert. Bir kere ilk iş anne babalara düşüyor. Yapmamız gereken ilk şey, bu meselenin varlığını kabul etmek, yani dert etmek. İkinci olarak tatil kavramını yeniden tarif etmemiz gerekiyor. Bizdeki gibi uzun tatillerin olduğu bir sistemde, tatillerin öğrenmeyi de tatile çıkartmamız gereken bir dönem olmadığını kabul etmeliyiz. Uzun tatil dönemleri kitapların rafa kaldırıldığı, çocukların yazmaktan, çizmekten ve araştırmaktan uzak tutulduğu dönemler değildir, olmamalıdır. Yaz tatili, çocukların zorunlu okul müfredatı yerine kendi istek ve tercihleri doğrultusunda öğrenmeyi yeniden keşfedeceği eğlenceli bir dönem olabilir. Şimdi hazırsak somut adımlara geçelim:

Tatil setleri: Tatilde öğrenme kaybını önlemenin en yaygın yollarından biri, iki sınıf arasında köprü görevi gören tatil setlerini çocuklara ulaştırmak. Özellikle ilkokul çağındaki çocuklar için ideal olan bu setler okul müfredatına göre hazırlanmış ve içinde tüm derslere ilişkin eğlenceli egzersiz, proje ve deneylerin olduğu bir nevi alıştırma kitabı işlevi görüyor. Tabii set deyince şu şerhi de düşeyim: Çocukları ezbere iten, testlerle dolu alıştırma kitaplarının yarardan çok zaları oluyor. Bu setlerin yanı sıra yaz ayları boyunca çocukların öykü, roman, şiir tarzı edebiyat kitaplarından oluşan bir seçkiyle dağarcıklarını zenginleştirmesi de önemli.

Tatil kampları: Tatilde öğrenme kaybını önlemenin bir diğer yaygın yolu da yaz kampları. Bu kamplar çocuklara yaz ayları boyunca hem akademik hem sosyal anlamda zengin bir öğrenme ortamı sunuyor. Burada amaç, yaz tatilinde de çocukları okula talim etmek değil. Bireyselleştirilmiş müfredatlarla bildiğimiz geleneksel okuldan farklı tasarlanmış öğrenme ortamlarından söz ediyorum. Geleneksel, okuldan farkı olmayan yaz okulu tarzı uygulamaların çocukları öğrenmekten daha da soğutacağı aşikâr.

Sportif etkinlikler: Düzenli olarak spor etkinliklerine katılan öğrenciler hem zaman yönetimi hem de takım çalışması becerileri kazanıyor. Bu iki becerinin akademik başarıdaki etkisini bildiğimizden, yaz tatili boyunca çocuklarımızın bu tarz planlı etkinliklere katılması onların okul başarılarına yapılmış ciddi bir katkı olacaktır.

Sanatsal etkinlikler: Yaz tatili akademik yıl içinde çeşitli nedenlerle ihmal edilen bireysel ve sanatsal becerilerin kazanılması için de büyük bir fırsat olarak değerlendirilmeli. Yaz ayları boyunca çocuklarımızın katılabileceği resim, heykel, müzik ve dans gibi sanatsal etkinlikler hem onların sanatsal becerilerini artıracak, hem de duygusal gelişimlerine olumlu katkıda bulunacaktır.

Planlı gezi ve ziyaretler: Yaz ayları aileyle gezi ve ziyaretlerin yapılması bakımından da zengin öğrenme olanakları sunuyor. Tarihi mekânlara yapılan turistik geziler, müze ziyaretleri, köy ve doğa gezileri bu bağlamda çocuklarımızın dünyalarını zenginleştirmek için birer fırsat olarak değerlendirilebilir. Bu ziyaretlerden önce çocuklarımızın ön araştırma yapmasını teşvik ederek onlara "rehberlik" görevi verilmesi, onlardaki tarih, doğa ve çevre bilincinin gelişmesine de olanak verecektir.

Kaliteli zaman paylaşımı: Yaz ayları her şeyden önce anne babaların çocuklarıyla daha zengin vakit geçirdiği dönemler olduğundan, bu dönemde kaliteli zaman paylaşımı belki de çocuklarımıza yapacağımız en önemli yatırımdır. Kaliteli zamandan kastım, tek odağımızın çocuklarımız olduğu zamanlar. Bu zamanlarda çocuklarımızla yaptığımız sohbetler, özellikle erken yaşlarda, son derece kalıcı etki bırakır. Aynı şekilde, yapbozdan sudokuya, strateji oyunlarından kelime oyunlarına çocuklarımızla yapacağımız her tür etkinlik onların öğrenmesine yapılmış bir katkı olarak da görülebilir.

Özetle, bir sonraki tatilde çocuğunuz okula paydos dediğinde öğrenmeye de paydos demeyin! Tam tersine, tatil dönemlerini, çocuğunuzun okulda edinmekte güçlük çektiği kazanımları daha eğlenceli ortamlarda kazanması için size verilen bir fırsat olarak görün.

Dördüncü bölüm

Ergenlik dönemi

Ergenlik fırtınalı olmak zorunda değil!

Günümüz çocukları lüksü seviyor. Görgüsüzler, otoriteye başkaldırıyorlar, yaşlılara saygıları yok, çalışmak yerine laklak etmeyi seviyorlar. Çocuklar artık ailenin hizmetçisi değil, tiranı. Yaşlılar içeri girince ayağa kalkmıyorlar!

Sokrates

Ergenlik dönemi çocukluktan yetişkinliğe geçiş sürecini, kabaca 12 ila 18 yaş aralığını kapsar. Genel olarak ergenlik dönemine kızlar erkeklerden bir ya da iki yıl daha erken girerken, ergenliğe giriş yaşı çocuklar arasında geniş bir aralıkta değişiklik gösterebilir. Kimi çocuk 10 yaşında ergenlik belirtisi gösterirken kimi çocuk 14-15 yaşında ergenlik belirtisi gösterir. Ergenlik, her bakımdan hızlı gelişimin olduğu bir dönem. Fiziksel açıdan doğum sonrası dönemden sonra en hızlı büyüme bu dönemde görülür. Hem boy hem kilo hem de kas yapısında gözle görünür hızlı bir büyüme söz konusudur. Bu fiziksel gelişime eşzamanlı olarak ergenlerin duygusal ve sosyal gelişimi de hızlı bir değişime uğrar.

Ergenlik aynı zamanda zihinsel gelişimin de hızlandığı bir dönem. Gençler bu dönemde somut ve an odaklı düşünceden soyut ve uzun vadeli düşünme pratiğine geçer. O nedenle felsefe, politika ve toplumsal sorunlar bu dönemde gençlerin gündemine girer. Hedef koyma ve uzun vadeli plan yapma da bu dönemde ergenlerin düşünce yapısında yer bulmaya başlar.

Bütün bu değişimler içinde belki de en önemli olanı ergenlerin benlik duygusunda yaşanır. Nitekim, psikososyal gelişim evreleri kuramının yazarı Erik Erikson'a göre, ergenlik döneminin temel sorusu kimliktir. Her genç bu dönemde kendisine "Ben kimim?" sorusunu sorarak aileden bağımsız bir şekilde kendi sesini bulmaya çalışır. Tam da bu nedenle ergenlik yıllarında çocuklar giderek çevreden daha fazla etkilenir. Daha önceki gelişim evrelerinde aile ve okulların gösterdiği etkiyi ergenlik yıllarında sosyal ve kültürel çevre, özellikle de akran çevresi gösterir. Bütün bu değişikliklerle birlikte gençlerin romantik ilişkileri de bu dönemde başlar.

Ergenlik döneminde anne babaların işi, önceki dönemlere göre hem daha kolay hem de daha zor. Kolay, çünkü artık çocukları sürekli izleme zorunluluğu, onlara kim bakacak derdi yok. Çocuklar bu dönemde kendi başlarına bir yerden bir yere gidebilir, evde anne baba olmadan kalabilirler. İşte zorluk da tam buradan çıkıyor. Anne babalar çocuklarına kendilerini keşfetme, kendi seslerini bulma konusunda alan açmakta zorlanabiliyor. Gençlerin yeni yollara çıkması demek, aileden ayrılması demek. Bu değişime anne babalar her zaman hazır olmayabiliyor. İşte bu noktada ergenler ile anne babalar arasında ciddi çatışmalar da kaçınılmaz hale geliyor.

Ergenlik, yukarıda sıraladığım değişimlerden dolayı fırtınalı bir dönem. Fakat yaşanan bu değişimin fırtınaya dönüşmesi ya da fırtına oluştuysa bunun yaratacağı hasarın boyutu anne babaya bağlı. Kimi anne baba ergenlik dönemindeki olası çatışmaları en az hasarla aşarken kimi de bu fırtınalı dönemde çocuğuyla diyalogda zorlanarak tamiri uzun sürecek hasarlara yol açabiliyor. O nedenle bu bölümde daha önceki bölümlerde altını çizdiğim birkaç noktayı farklı bir boyutuyla tekrar ele almak istiyorum. Öncelikle çocuğunuzu iyi tanıyın. Her dönem kendi içinde değişiklik gösterir. Nasıl erken çocukluk döneminde mizaç önemliyse, bu dönemde de önemli. Çocuğunuzu bu dönemde yeniden tanımak için gayret gösterin. Onunla güvene dayalı, açık diyalog kurun. Bu, zaman zaman hiç kabul etmeyeceğiniz konularda bile geri adım atmanızı gerektirebilir. Diyalog zaten tam da böyle bir şeydir. Her dediğinizi kabul ettirince diyalog olmuyor. Unutmayalım.

Ebeveynlik elbette ergenlik döneminde de devam ediyor, ancak önceki bölümlerde altını çizdiğim gibi hem sevgide hem de sınır koymada bu sefer yeni bir denge bulmak zorundayız. Bir taraftan çocuklarımızı ergenlikte geçirdikleri tüm değişimlerle birlikte sevmekte ısrar edeceğiz, bir taraftan da onlara makul sınırlar koyup, sorumluluk almalarına yardımcı olacağız. Bu iki uç arasında dengeyi nasıl kuracağımıza da çocuklarımızın mizacına, çevremizin özel taleplerine göre karar vereceğiz.

Ergenlik, ebeveynler için de zor bir dönem. Çünkü yıllarca kontrolümüzde olduğunu düşündüğümüz çocuk yetiştirme süreci, bu dönemde ciddi manada bizim kontrolümüzden çıkıyor. Tıpkı çocuklar okula başlayınca okul ile aile arasında yaşanan sıkıntılar gibi ergenlik döneminde de akran çevresi ile aile arasında benzer sıkıntılar çıkabiliyor. Özellikle çocuklarını sıkı kontrol altında yetiştiren anne babalara ergenlik dönemi daha çok sorun getiriyor. Bu tarz ebeveynlerin tam da ergenlerin bağımsızlık arayışında olduğu bir dönemde çocukları üzerinde tahakkümü artırması çoğu zaman umulanın tam zıddı sonuçlar doğuruyor. O nedenle çok zor olsa da özellikle otoriter ebeveynlik tarzına sahip anne babaların ergenlik döneminde ebeveynlik tarzlarını gözden geçirmelerinde fayda var. Çocuklarda bile uygulaması sıkıntı yaratan, aşırı kontrol odaklı çocuk yetiştirme tarzlarının ergenlikte arzu edilenden çok farklı ve negatif sonuçları olabilir.

Ebeveynlik tarzınız ne olursa olsun, ergenlik döneminde dikkat etmemiz gereken temel doğru değişmiyor: Anne ve baba olarak çocuklarımıza verebileceğimiz en önemli kazanım, özgüvendir. Bunun yolu da pratikten geçiyor. Çocuklarımıza yeni tecrübeler yaşaması için fırsat vermeliyiz. Onlara kendilerini tanımaları için alan açmalıyız. Yani bırakın çocuğunuz risk alsın. Bu risk sizi kaygılandırabilir ama bu sizin sorununuz. Bir ergen babası olarak oğlum ilk defa "Eve geç saatte geleceğim" dediğinde "Hayır" demiştim. Ama sonra baktım ki çocuk akranlarından ayrı kalıyor, belli gelişim fırsatlarını kaçırıyor. Bu nedenle müsaade ettik, eve her zamankinden geç gelmeye başladığı ilk akşam ben pencerenin önünden ayrılamadım. Bu kaygı duyma hali de ebeveynliğin bir parçası, ama kaygı duyuyoruz diye çocuklarımızı gelişim fırsatlarından uzak tutamayız. Çünkü ebeveyn olarak çocuklarımız üzerinde doğrudan etkide bulunabileceğimiz yılların sonuna geliyoruz. Bir süre sonra onlar bizden bağımsız bir hayata başlayacak. Ancak bu şekilde onlar birer yetişkin olduklarında kendi ayakları üstünde durabilecekler.

Ergenlik dönemi buhranları ve ailenin rolü

Ergenlik dönemi de kendi içinde erken, orta ve geç ergenlik yılları olarak üçe ayrılır. Her dönemin kendine has sorunları olsa da anne babalar açısından en kritik dönemler ergenliğe geçişle başlayan erken ve ergenlikten yetişkinliğe geçişin ilk adımı olan geç ergenlik yılları. Daha evvel de yazdığım gibi bu dönemleri yaş olarak ifade etmek zor, çünkü çocuktan çocuğa ergenlik yaşı geniş bir aralıkta değişkenlik gösteriyor. Erken ergenlik, çocukların buluğ çağına geçişiyle hızlanan fiziksel değişim dönemini kapsıyor. Bu dönem, erken çocukluk dönemindeki gibi çocukların fiziksel, bilişsel ve duygusal anlamda en hızlı değişim yaşadığı dönem. Özellikle geçiş döneminde, hızlı ve beklenmedik hormonal iniş çıkışların da etkisiyle ergenliğe giren çocuk, duygularını tanımada ve kontrol etmede zorlanabilir. Erken çocuklukta sözünü ettiğimiz "duygu düzenlemesi" beceresi, yani kişinin kendi duygularını tanıması ve onları yönlendirmesi, bu dönemde de ciddi sorunlara neden olabilir.

Bizim bölümden ergen psikoloğu Dr. Niobe Way'in yaptığı araştırmalar gösteriyor ki ergenliğe geçişle birlikte ortaya çıkan stresle başa çıkamayan kız çocukları duygularını hissetmekten, erkek çocukları ise konuşmaktan vazgeçiyor.

Ergenlik döneminde anne babaların hassasiyet göstermesi gereken ikinci evre ise ergenlikten yetişkinliğe geçiş dönemi, yani bizim "geç ergenlik" dediğimiz dönem. Resmi olarak 18 yaşını dolduran ergen, çocukluktan çıkıp kendi kararlarını veren yetişkin oluyor. Bu kararların başında eğitim, mesleki tercihler ve eş seçimi geliyor. İş ve eş bulma stresi bizim ülkemizde üzerinde özellikle durulması gereken konular. Malum, genç işsizlikte OECD şampiyonu olan bir ülkeyiz. Her 3 gençten 1'i ne işte, ne okulda, ne de bir kursta; yani bildiğiniz boşta. Bu durum hem gençler hem de aileleri için ciddi bir stres kaynağı. Ekonomik bağımsızlığın zor elde edilmesi, bir taraftan uzun vadeli eş arayışını geciktirirken diğer taraftan romantik stresi de artırıyor.

Ergenlik dönemindeki psikolojik sorunları anlamak için basit bir çerçeve

Ergenliğin farklı evrelerinde yukarıda sıraladığım iki kaynaktan gelen stresler etkili oluyor. İster biyolojik sebepleri olsun ister toplumsal, yaşanan stresin ergenler üzerinde ciddi psikolojik sorunlar yarattığını görüyoruz. Dilerseniz, şimdi bu sorunları biraz daha sistematik bir şekilde incelemek için elimizdeki işlevsel modellerden biri olan Achenbach Modeli'ni kullanalım. Bu modele göre farklı nedenlerle stres altında olan gençler bu problemleri ya içselleştirerek ya da dışsallaştırarak yaşıyorlar. İçselleştirilmiş ya da içe yönelim davranış bozukluklarında ergen, stresini içine atarak yaşıyor. Bu sorunları kabaca üç grupta toplayabiliriz: Depresyon, kaygı bozukluğu ve somatik sorunlar. Dışsallaştırılmış ya da dışa yönelim bozukluklarında ise ergen, yaşadığı stresi dışarıya davranış bozukluğu olarak yansıtıyor. Bu sorunları da kabaca anti sosyal davranışlar, saldırganlık, suça ve şiddete meyil etmek olarak sıralayabiliriz.

Anne babalar ve eğitimcilerin, ergenlerin yaşadığı psikolojik sorunları zamanında fark edebilmesi çözümün ilk adımı olduğu için gelin bu bulguların gençlerde nasıl ortaya çıktığına biraz daha yakından bakalım. Depresyon belirtileri karamsarlık ve hayattan umudunu yitirme, yemek ve uyku düzeninde bozulma (iştahtan kesilme, uykusuzluk) ve ileri boyutlarda intihar dahil kendine zarar verme ya da zarar vermeyi kurgulama olarak sıralayabiliriz. Kaygı bozukluğu ise daha ziyade bizde vesvese dediğimiz korku içinde yaşama, yeni tecrübe ve mekânlardan kaçınma olarak ortaya çıkıyor. Somatik belirtileri ise temeli fiziksel değil psikolojik olan baş ağrısı, karın ağrısı gibi vücudun farklı yerlerinde olduğu varsayılan sıkıntılarla baş gösteriyor.

Bu üç içselleştirilmiş duygusal sorunun her birinin kendi başına yaşanması, tek başına bir sorun teşkil etmiyor. Zira her insan gündelik hayatında farklı olaylar karşısında stres yaşıyor ve bu stresin de yukarıda saydığımız alanlarda bir bedeli oluyor. Biz yetişkinlere düşen, bu bedelin boyutunu doğru tespit etmek. İşte o noktada da tüm dünyada bu saydığım sorunlara teşhis koymak için kullanılan DSM sistemi, Türkçe adıyla Mental Bozuklukların Tanısal ve Sayımsal El Kitabı bize yol gösterebilir. Bu psikolojik sorunları tasnif ve teşhis sistemine göre, yukarıda saydığım sorunların herhangi birine klinik manada teşhis koyabilmek için en önemli kriter ise şu: Bu sorunlar kişinin gündelik hayatını olumsuz olarak etkiliyor mu?

İşte bu noktada kitabın tekrar ilk bölümünde tarif ettiğimiz genel gelişim modelimize dönersek, duygusal sorunlar yaşayan bir ergenin bu sorunları aynı zamanda sosyal hayatında da görmesi gayet yaygın bir durum. O nedenle son yıllarda akademik başarı araştırmalarında bile artık giderek daha fazla duygusal gelişim kuramı görüyoruz.

Dışsallaştırılmış problemlere, yani özünde anti sosyal davranışlar, şiddet ve suça katılım içeren sorunlara gelince durum ergen ve aile boyutunu aşıyor. Zira bu sorunlar sadece ergeni değil, artık çevreyi de etkiliyor. Aile, okul ve toplumu etkileyen, bu nedenle anne baba kadar, okul idaresi ve kolluk kuvvetlerini de ilgilendiren sorunlardan söz ediyoruz. Dışsallaştırılmış problemler yaşayan ergen sadece kendisine değil, etrafına da ciddi problem yaratmaya başladığı için çok daha kolay ayırt edilebiliyor. Şiddet, suça iştigal pek çok durumda okul idarecilerini ve güvenlik teşkilatını da içine alan ve boyutları aileyi aşan sorunlar demek. Nitekim ergenlik döneminde suç işleyenlerin pek çoğunda dışsallaştırılmış sorunlar olduğunu gözlemliyoruz.

Ne yapmalı?

Çocuklar ergenlik döneminde yukarıdaki sorunlardan bir ya da birkaçını yaşıyor olabilir. Fakat bu durumun çocuğun gündelik hayatını ne kadar olumsuz etkilediği önemli bir değerlendirme kriteri. Dilerseniz, depresyon üzerinden bir örnekle ne demek istediğimi anlatayım. Ergenlik, çocukların genelde uyku sorunu yaşadığı bir dönem. Burada sıkıntı yok. Yemek yeme alışkanlıkları da ciddi oranda altüst oluyor. Bu da normal bir durum, zira çocuk bağımsızlığını kazandığı için ne yiyeceğine, ne zaman yatağa gideceğine kendisi karar vermek istiyor. Burada bir öğrenme eğrisi var. Zaman alabiliyor en uygun noktayı bulmak. Ancak eğer bu belirtiler o çocuğun hayatını yaşanmaz kılıyorsa, çocuğun evdeki ilişkilerini ve okul hayatını etkiliyorsa işte o noktada müdahale edilmesi gerekiyor. O nedenle anne baba ve yetişkinlere düşen ilk görev, çocukların duygusal durumunu yakından gözlemleyecek kadar onlara yakın olmak. Onların hayatlarından, duygusal dünyalarından haberdar olmak. Çünkü ancak o zaman çocuğumuzun yaşadığı zorluklardan haberdar olacağız. Acı olan şudur ki özellikle ergenlik yıllarında bazı anne babalar çocuklarıyla sağlıklı bir diyalog kuramadığı için, çocuğunun ruh halinden tamamen bihaber durumda. Karşılıklı güvene dayalı bir bağ kurulmadığı zaman çocuk tüm süreci kendisine en çok destek olacak yetişkinlerden mahrum olarak yaşıyor. Bu nedenle hem çocuklarımıza en zor anlarında destek olmak, hem de gerektiğinde onlara doğru yardım yollarını açmak için çocukla sağlıklı bir diyalog şart.

Aynı şekilde, kaygı konusunda da bir kısa örnek üzerinden gidelim. Kaygı, bizim hayatta başarılı olmamız için gerekli olan bir duygu. Belli bir seviyede kaygı olmayınca performans da olmuyor. Örneğin, okulda başarı için çocukların bir noktaya kadar başarıyı dert etmesi gerekiyor. Ancak bu dert etme durumu aşırı bir noktaya varınca işte o zaman bir müdahale gerekiyor. Örneğin, eğer aşırı kaygıdan dolayı çocuk arkadaş ortamına girmekten kaçınıyorsa ya da okula gitmiyorsa demek ki bulgular, çocuğun hayatını olumsuz etkileyecek boyuta ulaşmış. Türkiye'de Bahçeşehir Üniversitesi'nde Osman Öztürk Hoca tarafından yapılan gençlerde güvenlik algısı araştırmasından biliyoruz ki çocukların yüzde 22'si okulunda kendini güvende hissetmiyor. Yüzde 38'i ise okulda akran zorbalığı yaşıyor. Bu tür durumlarda anne baba ve eğitimcilerin panik olmadan ilk yapmaları gereken, karşılaştıkları durumun duygusal bir problem olduğunu ve bir profesyonelin yardımına gerek duyulduğunu kabul etmek olacaktır.

Elbette yaşanan problemlerin boyutuna göre pek çok durumda anne baba da çocuklarına yardımcı olmakta yetersiz kalabilir. Bu anlamda anne babalar profesyonel yardım almak zorunda kalabilirler. Örneğin, intihara yönelik bir belirti varsa, yani çocuk kendine zarar vermeyi aklından geçiriyorsa bir uzman müdahalesi veya duruma göre acil müdahale şarttır. Bizimki gibi psikolojik sorunların az tanındığı ve önyargıyla karşılandığı bir kültürde bu söylendiği kadar kolay değil.

Terapi ve klinik yardım alınması konularında ülke olarak maalesef çok mesafe kat etmemiz gerekiyor. Ancak söz konusu olan kendimiz değil de çocuğumuz olunca bu alanda bir esneklik olacağını umuyorum. Okullarda rehber öğretmenlerin, ihtisas sahibi psikolojik danışmanların ve klinik psikologların, sosyal hizmet uzmanlarının sayısının artmasıyla bu alanda yeterli uzmanlık oluşuyor. O nedenle ihtiyaç olduğunda ulaşacak güvenilir bir uzman bulmak artık mümkün. İş, anne babalara ve okullarda bu çocukları her gün gözlemleyen eğitimcilere düşüyor. Onların yönlendirmesiyle çocuklarımızın ergenlik döneminde ihtiyaç duyduğu profesyonel yardımı almaları mümkün olacak.

Ne yapmamız gerektiğini ifade ettim, ancak müsaade ederseniz ne yapmamamız gerektiğini de söyleyeyim: Ergenleri yaşadıkları psikolojik sorunlardan dolayı kınamayın, yargılamayın, suçlamayın! Duygusal olarak zor bir dönemden geçen ergen, zaten kendisinin de çok iyi anlayamadığı bir süreci yaşıyor. Bu durumdaki çocukları duygularından dolayı suçlamaktan kaçınmamız gerekiyor. Örneğin, bunalımda olan bir genç, muhtemelen okul ve sosyal hayatında da sorunlar yaşayacaktır. Bu durumda pek çok anne baba ne yapacağını bilmeyince bir süre sonra çocukları suçlamaya başlayacaktır. Özellikle bizimki gibi bir kaza anında ilk sorusu 'Kim yaptı?' olan bir kültürde bu duruma çok dikkat etmemiz gerekiyor. Çünkü tüm araştırmalar gösteriyor ki çocukları suçlayarak onları daha sorumlu bireyler yapmak mümkün değil.

Bir de şu gerçek var: Bunalımda olan, öfke atakları geçiren birinin yanında bulunmak ve ona destek olmak oldukça yorucu ve yıpratıcı bir süreç. Anne babaları en çok zorlayan dönemlerden birinin ergenlik olması boşuna değil. Klinik manada depresyona girmiş, kendine ya da çevresine zarar verme potansiyeli olan ya da anti sosyal davranış bozukluğu sergileyen bir gençle başa çıkmak her anne babanın üstesinden geleceği bir iş değildir. O nedenle bir kere daha söylemek isterim ki, eğer evde ya da okulda bu tür gençlerle başa çıkmakta zorlanıyorsanız lütfen bir profesyonelden yardım isteyin. Aman önyargılarınıza, çevre baskısına boyun eğip bu yolu kendiniz için de çocuklarınız için de kapatmayın. Söz konusu olan sizin gururunuz değil; çocuğunuzun sağlığı, mutluluğu ve geleceğidir, unutmayın!

Gençlerimiz neden bu kadar mutsuz?

Yan sayfadaki tabloda da göreceğiniz gibi dünyada bizim gençlerden daha mutsuzu yok! Tabloya baktığımda bizim kadar olmasa da bize yakın mutsuzluk oranına sahip diğer ülkelerin, yani Kore, Çin, Japonya'nın akademik başarı sıralamasında zirvede olduğunu da not etmek gerekiyor. Oysa bizim gençler malum, başarı sıralamasında ilk 50 arasında yok. Yani bizim gençler ne başarılı ne de mutlu. Özellikle Uzakdoğulu gençler ise bizim kadar olmasa da ciddi seviyede mutsuz ama çok başarılı. Hedef bu tablonun tepesinde olmak değil, ama en sonunda olmak da değil. Zira, mesela Hollanda'da hayatından hiç memnun olmayan gençlerin oranı yüzde 4 iken bizde bu oran yüzde 20. Tabii bu tabloda bir başka memleket gerçeği de var: Türkiye'de kız öğrenciler, erkeklerden daha mutsuz!

Anne babalar ne yapabilir?

Anne babaların çocukları üzerindeki etkisi yaş ilerledikçe azalıyor. Bu nedenle yan sayfadaki tabloyu değiştirmek tek başımıza bizim elimizde değil. Ancak her anne babanın bu tablodaki sonucu kendi çocuğu bazında etkileme fırsatı var. Bu fırsatı iyi kullanmamız gerekiyor. İşte bu noktada gelin yine verilerden yola çıkarak somut adımları konuşalım. Ne yapabiliriz?

Öğrenciler hayatlarından memnun mu?

PISA 2015 öğrencilerden hayatlarından ne kadar memnun olduklarını 0'dan 10'a kadar bir skalada değerlendirmelerini istedi. OECD ve üye ülkelerin ortalamasına göre hazırlanmıştır.

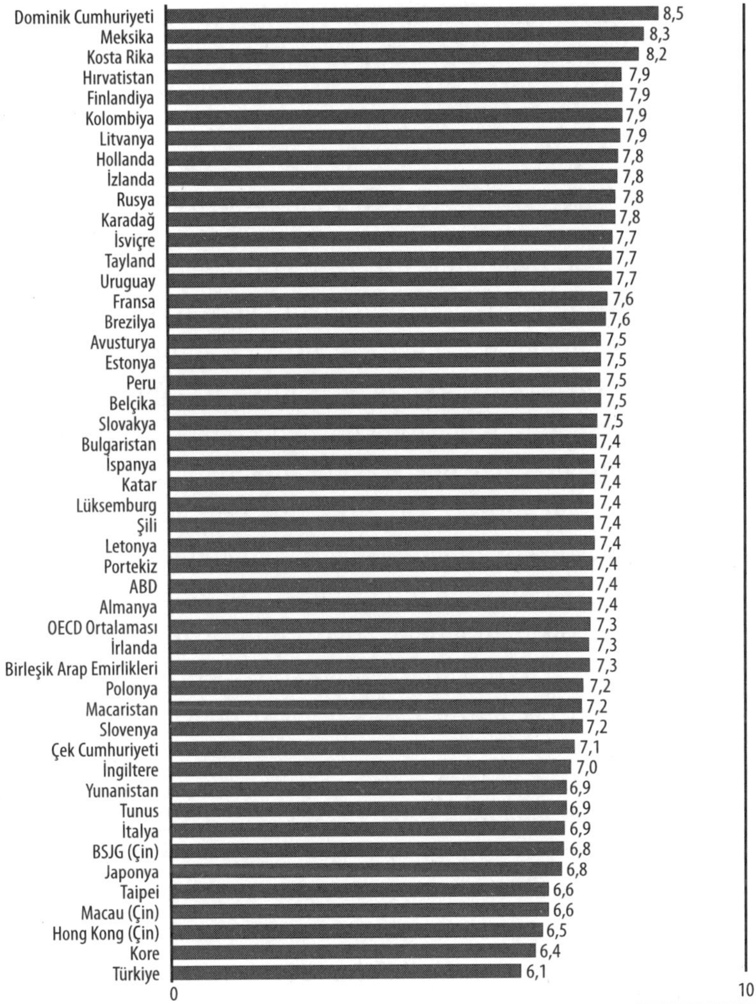

Kaynak: OECD

Yukarıda andığım veri tabanına detaylı olarak bakınca, anne babaların çocuklarının hayata daha pozitif bir şekilde bağlanması için atması gereken üç somut adım ortaya çıkıyor. PISA verilerine göre, bu üç etkinliği yapan ebeveynlerin çocukları hayattan ortalama olarak akranlarına göre iki kat daha memnun. İki kat! Ve tabii bütün bu yaşam kalitesinin akademik başarıya da doğrudan bir etkisi var. Mutlu çocuklar hem okulda hem hayatta çok daha başarılı oluyor.

1. Ergenlikte diyaloğu kesmeyin!

Veriler çok net. Çocuğuyla biraz zaman geçirip sohbet eden bir ailede yetişen çocuklar akranlarına göre hayatlarından yüzde 60 daha memnun. Yüzde altmış! Bu oldukça yüksek bir oran ama sürpriz bir oran değil. Çünkü çocuğuyla sohbet eden anne baba onun hayatında bir pencere açıyor. Bu sadece ona yol göstermek için değil, aynı zamanda onunla dert ortağı olmak için de gerekli. Ergenlik biraz da yetişkinlik idmanı demek. Öyle olduğu için çocuğunuz bu dönemde muhtemelen sizinle çocukluk döneminde olduğu tarzda bir diyaloğu istemeyecektir. Bu sizin için de kolay olmayacak bir süreç olsa da denemekten, yeni yollar aramaktan asla vazgeçmeyin. Aman, ergenlikte çocuğunuzla diyaloğu kesmeyin!

2. Akşam yemeğini ihmal etmeyin!

Veriye göre, çocuklarıyla birlikte akşam yemeğine oturan ailelerde yetişen gençler akranlarına oranla hayattan çok daha memnun durumdalar. İlk bölümde rutinin öneminden söz etmiştik. Akşam yemeği işte bu rutinler içinde en önemli olanı, zira tüm ailenin belli bir saatte karşı karşıya oturup başka bir şeyle meşgul olmadan geçirdiği nadir zamanlardan biri. O nedenle iki eliniz kanda bile olsa, programınızı değiştirip akşam yemeğinde aynı masanın etrafında oturun. Ne yediğinizin önemi yok, ama akşam yemeğini ihmal etmeyin.

3. Bugün okulda ne oldu?

PISA verilerine göre, gençleri hayata daha sıkı bağlayan üçüncü faktör, ailelerin okulda olup bitenden haberdar olması. "Okulda ne oldu?" sorusu muhtemelen çocukların en sevmediği sorudur. Okulda olup bitenler hakkında sohbet ederken ister istemez öğreten anne baba rolüne gireceğiz. Bundan kaçmak her zaman mümkün değil. Ama bir yolunu bulup sadece okulu, sınavları değil, okulda olup bitenlerin ötesinde başka şeyleri de konuşmayı becermeliyiz. Ergenlik, gençlerle sinema, tiyatro, kitap ve siyaset konuşmak için ideal bir dönem. Onların sanatı felsefeyi dert ettiği, kendi kimliklerini kendi değer yargılarını aradığı bu dönemde yetişkinlerle diyalog gelişim için şart. Bu diyaloğun zaman zaman tartışmalara yol açması kaçınılmaz. Önemli olan, diyalogda ısrar etmek.

Adım adım zirveye çıkmanın formülü

Hayatın her alanında, uzaktan bakınca gözümüze dâhi görünen insanlar vardır. Peki, bu dâhiler nasıl yetişiyor? İlk bölümde üzerinde durduğumuz gibi eğer dâhiliğin doğuştan olduğuna inanıyorsanız zaten yapacak bir şey yok. "Gen piyangosu bize vurmadı" deyip dizinizi dövebilirsiniz. Ama eğer yine ilk bölümde uzun uzun anlattığım gibi zihinsel becerilerin sonradan geliştirilebileceğine inanıyorsanız o halde iş size düşüyor. O nedenle bu temel soruya, becerilerin doğuştan mı geldiği yoksa sonradan mı kazanıldığı sorusuna bir kere daha dönelim. Bu sefer bir başka meslektaşım aracılığıyla.

K. Anders Ericsson, alanlarında zirveye çıkmış insanların nasıl oraya çıktığı sorusuna ömrünü adamış bir psikolog. Yaptığı onlarca araştırmayla "zirve performans" konusunda uzman biri. Akademiden spora, sanattan satranca aklınıza gelen her alanda insanlar zirveye nasıl çıktı? Nobel ödüllerinden dünya satranç şampiyonlarına, piyano yarışmalarından Olimpiyat şampiyonlarına kadar pek çok alanda zirve performansı tescillenmiş insanlar üzerine yıllarca çalışan Ericsson, uzun araştırmalar sonucu şu gerçeği fark ediyor: Çaba ve öğrenme olmadan zirveye çıkılmıyor! Her ne kadar popüler başarı hikâyeleri başarıyı tesadüflere ya da doğuştan gelen faktörlere bağlasa da gerçekler hiç de tahmin ettiğiniz gibi değil. Her beceri gibi, bu alanda da belli bir yol yordam var.

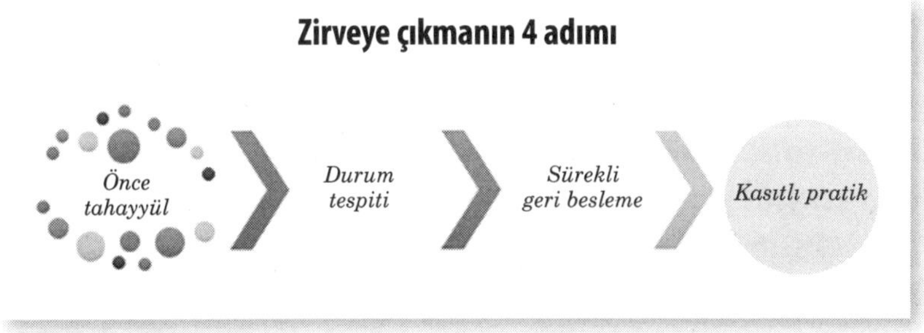

Zirveye çıkmak için 4 adım!

Ericsson'ın yaptığı araştırmalara göre, zirveye çıkmanın dört aşaması var. Herhangi bir alanda zirveye çıkmak için şu dört koşulu yerine getirmek gerekiyor: Tahayyül, durum tespiti, sürekli geri besleme ve kasıtlı pratik!

Herhangi bir alanda zirveye çıkmak için önce başarı motivasyonunuzun olması gerekiyor. Hayali olmayan kişinin başarması mümkün değil. Ancak büyük hayalleri olanlar, bu hayallere sıkı sıkıya bağlı olanlar zirveye çıkabiliyor. Bir alanda zirveye çıkmanın ikinci koşulu, gerçekçi bir durum tespiti yapmak. Yani uzmanlaşmak istediğiniz sahadaki becerilerinizin bir bilançosunu çıkarmak. Zayıf noktalarım neler? Nerelerde daha çok çalışmam gerek? Bu sorulara gerçekçi bir yanıt vermeden hedefe yaklaşmak imkânsız. Zirveye giden yolda atılan her adımın sizi zirveye ne kadar yaklaştırdığını bilmeniz gerekiyor. Öğrenmenin en temel kurallarından biri bu. Ne kadar başarıyorum? Bu attığım adım doğru bir adım mı? Bu soruları sürekli sormak ve sürekli yanıtlamak gerekiyor.

Zirveye ulaşmanın son adımı "kasıtlı pratik." Çalışmak, pratik yapmak, sürekli pratik yapmaktan söz ediyoruz. Ericsson'ın bu konuyla ilgili koyduğu sınır 10 bin saat. Ama Ericsson öyle ezbere 10 bin saat pratik yapmaktan söz etmiyor. Performansı zirveye taşımak için sözü edilen "pratik" özel bir çalışma. Kasıtlı, tasarlanmış, kişiye özel öğrenme pratiği olmadan herhangi bir alanda zirveye ulaşmak mümkün değil. Sanırım tekrar etmeme gerek yok ama ben yine de yazayım: Kasıtlı pratik ancak önceki üç adım atıldıktan sonra insanları zirveye taşıyor. Yani hayaliniz yoksa, nerede olduğunuzdan haberiniz yoksa, kimseden geri dönüş almıyorsanız istediğiniz kadar pratik yapın, yerinizde dönüp durmaktan başka bir sonuç doğurmaz.

Bir başka ifadeyle, zirveye çıkmak için büyük bir hayalin peşinde koşmak, yola çıkarken durumunuzu gerçekçi bir şekilde tespit ederek attığınız her adımın sonuçlarını sürekli olarak ölçmek ve hiç durmadan adım atmak gerekiyor. Bu dört koşulu yerine getirmeden performansınızı artırmanız mümkün değil! Şimdi sizden bu tezi test etmenizi istiyorum. Yaptığınız iş her ne ise sizin alanınızdaki "dâhilerin" zirveye nasıl çıktıklarına biraz daha dikkatlice bakın. Her birinin o zirveye dişleriyle tırnaklarıyla çalışarak geldiğini göreceksiniz. Salt doğuştan birtakım özelliklere sahip olduğunuz ya da çok iyi koşullar size sunulduğu için ortaya çıkmıyor başarı.

Popüler başarı hikâyeleri başarıyı ya tesadüflere ya da doğuştan gelen birtakım genetik faktörlere bağlıyor. Böyle olunca da ya doğuştan piyangonun sizin çocuğunuza vurması ya da hayatın çocuğunuza mucizevi bir kapı açması gerekiyor. Her durumda işiniz şansa kalmış yani... Ne kadar umutsuz bir vaka değil mi? Oysa hiçbir başarı hikâyesi şansla açıklanacak kadar basitçe ortaya çıkmıyor. Her başarı hikâyesinin arkasında yukarıda andığımız adımlar ve çabalar var. Pratik, yani eğitim olmadan hiç kimse zirveye çıkmıyor. Eğitim demişken bir noktaya da değinmek gerekiyor.

Son yıllarda zirve denince akla gelen isimlerin başında Apple, Microsoft ve Facebook gibi dünya markalarını yaratan kişiler var. Bu kişilerin ortak özellikleri, üniversite terk olmaları. Hal böyle olunca, özellikle gençler ister istemez eğitimin yeni ekonomide başarı için gerekli olmadığına dair bir inanca kapılabiliyor. Peki, gerçekten de bu isimler zirveye eğitim almadan mı çıktılar? Eğitimin, çabanın, hayal gücünün bu isimlerin başarısındaki rolü nedir? İsterseniz hepimizin bildiği bir başarı hikâyesiyle bu soruya birlikte yanıt arayalım.

Bill Gates zirveye nasıl çıktı?

Gates'in Harvard'ı bırakıp Microsoft'u kurarak hemencecik milyarder olduğunu artık hepimiz biliyoruz. Dâhi biri belli. Genç yaşta milyarder oldu. Dünyanın en zengin isimleri arasında yer alıyor. Ama bu hikâyenin sonu. Gelin başlangıcına kısaca bakalım.

Bill Gates'in hayatını biraz incelediğinizde göreceksiniz ki aslında hikâyede pek tesadüf yok. Adam ilkokuldan itibaren çok iyi eğitim kurumlarından geçmiş. Çok iyi derken dünya çapında iyi okullar bunlar. Peki, bu okullarda nasıl bir öğrenciydi Gates? Tahmin edeceğiniz gibi dersleri asan, sınavlarda başarısız olan biri değil, oldukça başarılı (siz buna "inek" deyin) bir öğrenci kendisi. Ama Gates'in hayat hikâyesinde asıl fark yaratan nokta bu değil. Gates, o tarihlerde daha kimsenin evinde bilgisayar yokken bu oyuncağa ilk sahip olanlardan. Babası ileri görüşlü biri. O tarihlerde yeni bir araba, daha büyük bir ev almak yerine pahalı bir bilgisayar almış. Kimsenin evinde bilgisayar yokken Bill Gates'in evinde bilgisayar olması onun sonraki yıllarda akranlarından ayrılmasına olanak sağlayan bir ayrıcalık.

Ama evdeki avantaj da tek başına hikâyenin sonunu açıklamıyor. Gates'in bir diğer ve bence sonuçta en etkili olan avantajı, yaşadığı ortamdan kaynaklanıyor. Seattle, o dönemde en ileri teknolojiye sahip Boeing uçak firmasıyla bilinen bir şehir. Belli bir zenginlik ve teknolojik vizyon var. Hal böyle olunca Gates'in gittiği liseye çocuğunu gönderen bir başka veli, bir girişim başlatıp o okula dünyanın en ileri bilgisayar laboratuvarlarından birini kuruyor. O dönemde pek çok iyi üniversitede olmayan bilgisayar öğrenme fırsatı Gates'in okuluna geliyor. Öyle olduğu için de o okuldan mezun olanlar içinde zirveye çıkan tek isim Gates değil.

Elbette başarı yalnızca ev ve okul ortamıyla ortaya çıkmıyor. Aynı zamanda bireyin de büyük hayaller kurması, eksiğini gediğini bilmesi, kendine iyi bir akıl hocası bulması ve tabii ki çok çalışması gerekiyor. Gates'in hikâyesinde bu adımların hepsini bulmak mümkün. Daha lise öğrencisiyken Microsoft hayalleri kurduğunu, eksikliklerini belirleyip üniversitedeki hocalardan mentorluk aldığını ve hafta sonları bilgisayar laboratuvarında çalışmak için pencereden okula girip gece sabahlara kadar kodlama yaptığını biliyoruz. Gates'in Harvard'ı terk ettiğini biliyoruz ama onun Harvard'ı terk ettiğinde en az 10 bin saat kodlama yapmış biri olduğunu bilmiyoruz. Halbuki asıl Gates "dehası" böyle ortaya çıkıyor.

“Çok çalış” demek bir işe yaramıyor!

Gates hikâyesinde olduğu gibi, zirveye çıkmak için bireysel ve çevresel koşulların hazır olması gerekiyor. O nedenle iş, ilk başta anne babalara düşüyor. Hayır, sadece iyi bir ev ortamı iyi bir okul ortamı sunmaktan söz etmiyorum. Çocuklarımızın, yukarıda saydığımız zirveye çıkmanın dört adımının her birinde bizim destek ve yönlendirmemize ihtiyacı var. Üstelik erken yaşlardan itibaren, ama en çok da ergenlik döneminde buna ihtiyaçları var. Bu anlamda anne babaların en büyük hatası, bir önceki bölümde sıraladığım dört adımdan en sonuncuya takılıp kalmaları: “Çalış çocuğum” demek. Bu tek başına hiçbir işe yaramaz!

Eğer ergenlik çağına gelmiş çocuğunuza sadece “Çok çalış” diyorsanız bilin ki bir şeyleri eksik yapıyorsunuz. Onların başarması için öncelikle kendi hayallerini keşfetmesi şart. İlk adım bu. Bu ilk adım olmadan ilerleme olmuyor. Şimdilerde vizyon denilen, olmayanı olur eden hayal gücü, her dehanın oluşum sürecindeki en temel motif. Herkesin “Olmaz, olamaz” dediğini yaptıkları için hikâyelerinin sonuna bakarak başarılı diyoruz onlara.

Ama hayal kurmak da tek başına yetmiyor. O adımdan sonra da bize iş düşüyor. Çocuklarımıza gerçekçi bir şekilde kendilerini tanımaları için fırsat vermeliyiz. Sonra da onların başkalarından geri bildirim almasına, eğer ev ortamında yoksa dışarıdan iyi bir akıl hocası bulmalarına katkıda bulunmalıyız. İşte bu üç adımı attıktan sonra çocuklarımıza "Çalış" deme hakkını elde ediyoruz. Zaten o adıma geldiğinizde göreceksiniz ki kendi hedefine odaklanmış, nerede olduğunu bilen, etraftan sürekli geri dönüş alan çocuk zaten son adımı da kendisi atacak. O nedenle yıllardır ısrarla çalışmaktan ziyade hayallerin üzerinde duruyorum.

Madem herhangi bir alanda beceri kazanmanın, zirveye çıkmanın ilk adımı hayal kurmak, o halde gelin biraz daha hayaller hakkında konuşalım. Önce bir bilgi notu paylaşayım: Intel ve Bright Future tarafından 10 şehirde 8-55 yaş arası 2000 kişiyle yapılan bir araştırmaya göre, bizim çocukların yarısı hayal kurmuyor. Yetişkinlerde durum daha da berbat: Her 6 yetişkinden sadece 1'i hayal kuruyor... Bekârlar evlilerden, kadınlar erkeklerden, gençler yaşlılardan, taşrada yaşayanlar büyük kentlerde yaşayanlardan daha çok hayal kuruyor. Ve maalesef kurulan hayallerin önemli bir kısmı bir meslek hayali...

Hayal kurmak için önce itiraz etmek gerekiyor. Eleştirmeden özgün hayaller kuramayız. İstediğiniz teknolojik icadı, istediğiniz coğrafi keşfi, istediğiniz tarihsel dönüşüm anını ele alın, hepsi bir "Bu böyle olmak zorunda değil!" itirazıyla başlamış, o itirazın tetiklediği yeni ve bambaşka bir hayalle gerçekleşmiştir. Hem beşeri anlamda çocuklarımızın, hem ekonomik kalkınma anlamında ülkemizin ilerlemesi için hayal kurmayı önemsememiz gerekiyor. Özellikle içinde yaşadığımız katma değeri yüksek üretim çağında, çocuklarımızın rekabet edebilmesi için onlara eleştirel düşünce becerileri kazandırmalıyız. İşte tam da bu nedenle bizim de ülke olarak kurucusu olduğumuz ve büyükelçi seviyesinde temsil edildiğimiz OECD, bir kalkınma kuruluşu olduğu halde gençlerde eleştirel düşünme ve problem çözme becerisini ölçüyor. Bu ölçümün gerekçesini de yeni ekonomide gerekli beceri setleriyle açıklıyor. Her şeyin robotlara ve bilgisayarlara bırakıldığı bu çağda, ancak soru sorabilen, yaratıcılık gösterebilen ülkeler ileri gidecek çünkü. Bizde, Milli Eğitim Bakanlığı tarafından OECD için toplanan verilere baktığımızda, 15 yaşındaki gençlerimiz arasında ileri derecede eleştirel düşünme –yani veriyle itiraz edebilme– becerisine sahip gençlerimizin oranı kaç dersiniz? Güney Kore'de bu oran yüzde 28. OECD ortalaması ise yüzde 11. Bizde ise bu oran maalesef yüzde 2,2. Bu kadar düşük bir oranla hızla ilerleyen yüksek teknolojiye dayanan yeni ekonomide bizim dünyayla yarışabilmemiz sizce mümkün mü? Elbette değil! İş yine anne babalara düşüyor.

Özellikle ergenlik döneminde çocuklarımızın var olan asi ruhlarının kıymetini bilmeliyiz. Onlara ayakları yere basmayan hayallerinde eşlik etmeliyiz. Çünkü yaratıcılığın en yalın tarifi, zamanı ve mekânı yok saymaktır. Mihály Csíkszentmihályi'nin "Flow" yani "Akış" kuramına göre yaratıcılık, tam da koşullardan bağımsız olarak zamandan ve mekândan kopmak, bir anlamda kendini odaklandığın işin akışına bırakmaktır.

Kaybetmeyi göze almadan ilerleme olmuyor!

Ben hayaller üzerine odaklanınca ister istemez "Ama hocam, sınavlar" deniyor. Doğru. Sınavlar önemli. Benim de çocuklarım sınavlardan geçiyor. Onlar başarısız olunca ben de söyleniyorum. Onlarla tartışıyorum. Kızıyorum, evet. Ama bütün bunlar şu gerçeği değiştirmiyor: Her başarısızlık kendi içinde bir öğrenme fırsatı barındırıyor. Kimse zirveye ilk tırmanışında ulaşamıyor. Herkes düşüyor, kalkıp devam edenler ileri gidiyor. Bu hayatın her alanında geçerli bir kural. İşte biliyorsunuz, Einstein ilkokulda başarısızdı. Michael Jordan lise takımına bile girememişti. Ya da Abraham Lincoln'ün hayatına bakın. Akla hayale gelebilecek her göreve talip olmuş bir politikacı. Meclis üyeliğinden başkan yardımcılığına kadar aday olduğu hiçbir seçimi kazanamamış bir politikacı. Üstelik müflis bir tüccar. Ama bugün "Amerikan tarihinin en başarılı başkanı kim?" diye sorulduğunda ilk akla gelen isim Lincoln. Angry Birds adlı mobil oyun, milyarlarca dolara satıldığında bu oyunun nasıl ortaya çıktığını merak etmiştim. Üç kafadar bir araya gelip ufak bir oyun şirketi kuruyor. Angry Birds bu şirketin 52. oyunu. En yaratıcı fikirlerini ilk başta piyasaya çıkartmışlar. Ama umduklarını bulamamışlar. Her biri diğerinden başarısız tam 51 oyun. Örnekleri çoğaltmama gerek yok. Her başarının ardında kaybetmeyi göze almış ama inatla mücadeleye devam etmiş birileri var.

Kimin tercihi?

Her sene üniversite tercihi yapan genç arkadaşlara bir mektup yazarım. Elden ele bu mektupları ulaştırırım... Bu sefer o mektubun bir benzerini ebeveynlere yazmak istiyorum. Zira gençlerin tercih zamanı en büyük dertleri, kendilerinden çok ebeveynlerini dert etmek...

Son söyleyeceğimi başta söyleyeyim: Öncelikle üniversite tercihi konusunda bildiklerinizin son kullanma tarihinin geçtiğini unutmayın! Biliyorum ki siz de benim gibi oldukça stresli bir üniversite tercih serüveninden geçip geldiniz bugüne. Şimdi kendi tecrübelerimizden yola çıkarak aynı stresi çocuklarımıza aktarıyoruz. Ancak bu tabloda bir sorun var. Hayır, sorun üniversite tercihini dert etme ya da ciddiye alma sorunu değil. Sorun, bizim zamanımız ile şimdiki zaman arasında dağlar kadar fark olması. Üniversiteler değişti, sınavlar değişti, meslekler değişti...

Yani bizim kendi üniversiteye giriş tecrübemizin kendi çocuklarımıza sınırlı bir faydası var. Ben üniversite sınavına girdiğimde 28 üniversite vardı mesela. Siz girdiğinizde kaç tane vardı bir hatırlayın. Şimdi yüzlerce üniversite var. Ben üniversiteye girdiğimde bölümleri soldan sağa saysan tek sayfada toplardın, ama şimdi öyle mi? Her gün yeni bir bölüm açılıyor. Kontenjanlara ve dışarıda kalma olasılığına hiç girmiyorum. Şimdi isteyen bir öğrenci için üniversiteye girmemek diye bir seçenek yok. Bütün bu değişimler içinde bir de prestij meselesi var. Bizim zamanımızda değer verdiğimiz marka okullar artık değişti. Onların yerine yeni markalar geldi. Tabii en büyük değişiklik sınavlarda yaşandı. Bizi seçen sistemin şimdikiyle benzer hiçbir tarafı yok. İşte bütün bu nedenlerle kendi önyargılarımızı çocuklarımıza dayatma riskimiz çok yüksek. Onların tercih sürecine destek olurken kendi tecrübelerimizin son kullanma tarihinin geçmiş olabileceğini hesaba katalım.

Tabii bir de şu var: Bizim kuşak için üniversite tercihi demek meslek tercihi demekti. Artık böyle bir dünya yok. Doktor, mühendis ya da öğretmen olarak mezun olanların bir ömür bu mesleği yaptığı devir bitti. Çünkü hem bireylerin beklentileri hem de meslekler hızla değişiyor. Ortalama yaşam süresi uzuyor. Emeklilik yaşları da giderek daha ileriye atılıyor. Hesap şu ki, bizim çocuklarımız en az üç, belki daha çok kariyer değiştirecek! Pek çoğu mezun olduğu alanda hiç çalışmayacak. Muhtemelen mezun olduğunda şu an tercih formunda olmayan mesleklerden birinde çalışacak. Bakın iş ilanları sayfalarına. Aranan elemanların çoğu üniversite tercih rehberinde olmayan "mesleklerden" oluşuyor.

21. yüzyıl becerileri

"Peki, hocam yarının meslekleri nedir?" diyenler için elimde çok somut bir liste var. Dünya Ekonomi Forumu, geleceği şekillendiren sektörlerde çalışan 816 kişiyle bir araştırma yapmış. Sordukları soru çok basit: Önümüzdeki dönemde rekabet hangi alanlarda olacak? Uzmanların öngörüsü, önümüzdeki 10 yılda ekonomik rekabetin şu alanlarda gerçekleşeceği yönünde: Yapay zekâ, Blockchain, 3 boyutlu yazıcılar, mobil teknolojiler, sürücüsüz araçlar, mobil internet, robotik, sanal-zenginleştirilmiş gerçeklik, ses kontrollü araçlar ve 5G. Bu alanların her biri diğerini tetikler nitelikte elbette. Yeni yarış bu alanlarda olacak, ama bu alanların çoğu tercih formunda yok! O nedenle tercih yaparken mesleği değil, disiplini seçenlerin daha avantajlı olduğunu düşünüyorum. Bu ne demek diye merak ediyorsanız, bir örnekle açayım: Özel bir gerekçeniz yoksa işletme yerine ekonomiyi seçin. İlki meslek, ikincisi disiplin! Aynı şekilde, temel bilimler, psikoloji istatistik gibi bölümlerin uygulama sahası da çok geniş.

Bir başka önemli noktada şu: Üniversite tercihi geri dönüşü olmayan bir tercih değil! Kendi hayatınıza bakın. Verdiğiniz kararların hangisinin doğru, hangisinin yanlış olduğunu ancak yıllar sonra anlayabiliyorsunuz. İlk başta size olumsuz gelen bir şey yıllar sonra bir bakıyorsunuz başınıza gelen en iyi şey olmuş. Üniversite tercihi de böyle. Ayrıca bu tercih, çocuğunuzun geleceğine dair vereceği kararlar içinde en kritik olanı değil. İleriki yıllarda daha pek çok tercih yapacak. Unutmayın, her sene üniversite sınavına giren çocukların önemli bir kısmı girdikleri bölümden mezun olmuyor. Mezun olanların çoğu o alanda çalışmıyor. Çalışanların çoğu ileride başka alanlarda eğitim görebilmek için yüksek lisans eğitimi alıyor. O nedenle benim size söyleyeceğim ikinci tavsiye, rahat olmanız. Siz rahat olun ki çocuğunuz da rahat olsun. O rahat olsun ki sağlıklı bir tercih yapabilsin. Şimdi eğer bu konuda hemfikirsek daha somut noktalara geçebiliriz.

Tercih yaparken eğer çocuğunuz taban puanlarına, sıralamalara bakmıyorsa siz de bakmayın. Bütün bu veriler geçen sene sınava girenlerin belirlediği bir referans noktası. Başkalarının tercihleri. Siz çocuğunuzdan kendisine en uygun olan tercihi yapmasını isteyin. Hayallerine, planlarına, çabalarına göre ideal olanı o seçsin, başkalarının tercihleriyle hareket etmesin. Sadece taban puan ya da sıralamayla tercihlerini belirleyenlerin uzun vadede yaptıkları tercihten mutlu olmama ihtimalleri yüksek. Bölümler de, üniversiteler de zaman zaman içinde bulunduğumuz ana göre popüler olabiliyor. Bugün popüler olanın yerinde yarın yeller esiyor olacak. O nedenle sıralamaları tek referans noktası olarak görmeyin lütfen. Asıl olan, çocuğunuzun kendisini nerede gördüğü ve ne istediği.

Bu testi evde uygulayın!

Biliyorum ben hayal, tutku, beklenti deyince çok soyut kalıyor ifadelerim. O nedenle evde sizin de uygulayacağınız basit bir test yapalım. Çocuğunuzun yaparken zamanı ve mekânı yok saydığı uğraş nedir? Var mı çocuğunuzun hayatında böyle bir tutkusu? Bunu çocuğunuza da sorabilirsiniz: Nedir onun her şeyi unutarak odaklandığı uğraş? Bu kimi için matematik problemi çözmek, kimi için yemek yapmak olabilir, kimi için kodlama kimi için de resim yapmak olabilir. Müzik, dans, futbol... Neyse *çocuğunuzun tutkuyla bağlı* olduğu uğraş, onu arayıp birlikte bulun. Bu soruya bulduğunuz yanıt her ne ise o alanda bir tercih yapın. Sonra bu uğraş etrafında olası disiplin ve meslekleri araştırın. Eğer bu soruya bir yanıt veremediyseniz o halde çocuğunuza kendisini tanıması ve etraftaki fırsatları görmesi için fırsatlar sunmalısınız. Bunu ne kadar erken yaşta yaparsanız o kadar iyi.

Tabii yukarıdaki soruya çocuğunuzun verdiği yanıt her zaman sizin hoşunuza gitmeyecektir. Mesela, çocuğunuz tıp belgesellerinden hoşlanıyor, anatomi kitaplarından başını kaldıramıyor. Sağlık sektöründen tanıdıklarınıza durmadan sorular soruyor. Siz de tabii ki onun tıp doktoru olmasını arzu ediyorsunuz ama bir bakmışsınız o hemşireliğe merak sarmış. Ya da siz çocuğunuzun kimyager olmasını istiyorsunuz, çünkü mutfak malzemeleriyle her gün deneyler yapıyor ama bir bakmışsınız onun gönlü aşçılıkta. Çocuğunuz resim yapmayı seviyor, siz onun mimar olmasını istiyorsunuz ama bir bakmışsınız o güzel sanatları kafasına koymuş. Ya da çocuğunuz etkin bir dil kullanıyor, iyi argüman geliştiriyor. Siz onun avukat olmasını istiyorsunuz ama o sosyal medya uzmanı olmak istiyor. Bütün bu tercihlerde sizin tek bir derdiniz var: Çocuğunuzun iyi bir yaşam sürmesi! O nedenle şimdi bu paragrafta sıraladığım seçeneklere bakıp "Hocam, eğer işi çocuğa bırakırsak bu tercihleriyle o ileride aç kalır" diye aklınızdan geçiyor olabilir. Eğer böyle kaygılarınız varsa şöyle bir etrafınıza bakın. Meslekler arası gelir farkı mı yüksek yoksa meslek içi gelir farkı mı? Sıradan bir doktor mu çok kazanıyor, iyi bir hemşire mi? Bu devir "ne" yaptığınızın değil, "nasıl" yaptığınızın kıymetli olduğu bir devir. Robotların her yere girdiği bu ekonomik çağda çocuklarımızın rekabet edebilmesi, onların işlerinde çok iyi olmasına bağlı. O nedenle önemli olan, onların seçtikleri alanda zirveye yürümesi... Bunun formülünü de bir önceki bölümde anlattım. İşine tutkuyla bağlı olmayan zirveye çıkamıyor! Formül bu kadar basit. Eğer çocuğunuz gerçekten tutkuyla bağlandığı bir alanı seçtiyse bilin ki kendisi o alanda zirveye çıkmak için ilk adımı atmış demektir. Üniversite tercihi, bu adıma ket vurmayacak bir tercih olmalı. Unutmayın ki sıradan bir gıda mühendisi olmak yerine mesleğine tutkuyla bağlı bir şef olmak hem çocuğunuzu daha mutlu edecek, hem de ona daha iyi bir finansal gelecek sunacak.

"Peki, hocam senin 'idealist' önerilerini yapmazsak ne olur?" diyorsanız söyleyeyim: Çocuğunuz pek de sevmediği bir alana girer. Birkaç yıl orada debelenir. Belki sizin baskınızla mezun olur, ama inanın bulduğu ilk fırsatta o alanı terk eder. Her sene hem Türkiye'de hem New York'ta onlarca genç görüyorum. Aile zoruyla mühendisliğe girmiş, işletme okumak zorunda kalmış... Sonra bulduğu ilk fırsatta gönlündeki alana geçmiş. Arada yaşanan bunalımlı yılları, heba olan onca zamanı ve parayı hiç saymıyorum. O nedenle anne baba olarak tercih sizin! Ya çocuklar üzerinde baskı kurup kendi tercihlerimizi onlara dayatacağız ya da onların kendi tercihlerini hayata geçirmesine yardımcı olacağız.

Beşinci bölüm

Bu çocuklar da bizim!

Sadece kendi çocuklarımızı dert etmek yetmiyor!

Kitabın bu son bölümünde önümüzdeki dönemde anne baba olarak ülkede değiştirmekle mükellef olduğumuz, çocuklarımız için atmak zorunda olduğumuz adımların altını çizeceğim. Çünkü çocukları fanusta yetiştirmiyoruz. Onlar evden dışarı adım attıklarında bizim doğrudan kontrolümüzde olmayan süreçlerin içinde yetişiyorlar. Toplumsal, siyasal, ekonomik bağlam çocuk yetiştirmede aile kadar etkili.

Neden kendi çocuklarımız kadar başkalarının çocuklarını da dert etmemiz gerektiğine ısrarla vurgu yapıyorum? Çünkü bizim çocukların geleceği, başka çocukların geleceğinden ayrı düşünülemez. Çocuk gelişimi sadece kendi evinizin içinde başlayıp sizinle çocuğunuz arasındaki ilişkiyle sonuçlanacak bir süreç değil. Elbette sizin ebeveyn olarak bu süreçte belirleyici bir rolünüz var, ama hikâyeyi tek başınıza yazmaya kalktığınızda kaş yaparken göz çıkarma olasılığınız çok yüksek. O nedenle sadece kendi çocuğumuzu dert etmekle yetinmeyip başkalarının çocuklarını da dert etmemiz gerekiyor. Çünkü hikâyenin geri kalan kısmını onlar beraber yazacak. Günün sonunda bizim çocuklar evden çıktıktan sonra o çocuklarla birlikte yeni bir hayat kuracaklar. İşte tüm bu nedenlerle elimden geldiğince "başka" çocukların dertlerini anlamaya ve anlatmaya, onların dertlerine ortak olmaya çalışıyorum. Çünkü sadece kendi çocuğumuzu yetiştirmekle bitmiyor işimiz. Yaşadığımız toplumu, yaşadığımız dünyayı da dert etmemiz gerekiyor. Öyle olmasa New York'ta oturup bu satırları size yazmak için bu kadar uğraşmazdım zaten. Ben de tıpkı sizin gibi kendi çocuklarımızın geleceği için dert ediyorum başka çocukları.

Çocuk ve gençler üzerine kafa yoran herkesin
aklında tutması gereken üç rakam:
7,5 milyon "şiddetli maddi yoksunluk"
yaşayan çocuk (Kaynak: TUİK),
5,2 milyon "ne işte ne okulda" olan genç (Kaynak: OECD)
1,6 milyon Suriyeli mülteci çocuk (Kaynak: UNICEF)

Maruzatımı anlatabildiysem şimdi gelin hep beraber Türkiye'de çocuk olmak gerçekliğini veriler ışığında ele alalım. TÜİK verilerine göre Türkiye'deki çocukların yüzde 38'i "yoksulluk" içinde değil, "şiddetli maddi yoksunluk" içinde yaşıyor. Bu toplamda 7,5 milyon çocuğa denk geliyor. Bu rakama yaklaşık 2 milyon mülteci çocuğu da ekleyin... 10 milyon sınırına yaklaşan yoksul ve özel desteğe muhtaç çocuk nüfusumuz var. Yani İsviçre'nin toplam nüfusundan daha fazla yoksul çocuğumuz var!

Resmin tamamını görmek için gençlere de bakalım. Nüfus çok, o nüfus içinde çocuk ve gençlerin oranı yüksek. TÜİK verilerine göre, yaşları 15-29 yaş olan toplam 18 milyon gencimizin yaklaşık 5,2 milyonu ne eğitim görüyor ne de çalışıyor. Madem ülkelerden gidiyoruz; bu rakam Norveç nüfusuna denk.

O halde özetlersek, ülkemizde "acil ihtiyacı" olan 15 milyon çocuk ve genç nüfus var. Eğer ülke olarak bu çocukları kendi çocuklarımız kadar dert etmezsek, kendi evimizde yapıp ettiklerimiz çocuklarımızın geleceğini umduğumuz kadar belirlemeyecek. Çünkü, bizim çocuklar bu çocuklarla aynı ülkede yaşayacak. O nedenle ebeveyn olmak biraz da bu çocukları dert etmek demek. Kendimiz için değilse bile, çocuklarımız için dert etmek demek. Çünkü hepsi bizim çocuklarımız.

Yoksulluk döngüsüne mahkûm çocuklar

Gelin çocuk yoksulluğu meselesine biraz daha derinden bakalım. Bildiklerimizi bilmeyenlerle paylaşalım. Bu bölümdeki verileri TÜİK ve BETAM'ın sitelerinden aldım. İlki malum, devletin kendi istatistik kurumu. İkincisi de Bahçeşehir Üniversitesi bünyesinde bir veri araştırma kuruluşu. Resmi olarak "şiddetli maddi yoksulluk" AB kriterlerine göre bireylerin hayatlarına düzgün bir şekilde devam edebilmeleri için asgari ihtiyaçların temini olarak ölçüyor. Bu ölçüme göre, yan sayfadaki tabloda BETAM toplam 9 ekonomik göstergeden 4'ünü yerine getiremeyen hanelerde yetişen çocukları "şiddetli maddi yoksunluk" yaşayan çocuk olarak kabul ediyor. TÜİK verilerine dayanan analize göre ise Türkiye için ortaya çıkan manzara maalesef içler acısı. Daha önce bahsettiğim gibi, Türkiye'de çocukların yüzde 38'i şiddetli maddi yoksunluk içerisinde yetişiyor. Bu toplam 7,5 milyon çocuk demek. Bu oran İsviçre'de yüzde 1'in altında! 2015 yılında Bulgaristan'ın en kötü durumda olduğu bu sıralamada Türkiye 2016 yılında ivme kaybederek en dibe düşmüş bulunuyor. Avrupa'da çocuklarını bizden daha yoksul koşullarda yetiştiren başka bir ülke yok.

Alt kalemlere göre çocuklarda şiddetli maddi yoksunluk (2014-2016)				
Alt kalemler	Yoksun çocuk sayısı (bin kişi)	Yoksun çocukların oranı (% 2016)	Yoksun çocukların oranı (% 2015)	Yoksun çocukların oranı (% 2014)
Şiddetli maddi yoksunluk	7.510	38,0	36,4	36,2
Isınma	5.554	28,1	20,0	19,1
Beklenmeyen harcamalar	7.491	37,9	37,4	33,3
Beslenme	8.065	40,8	40,3	39,2
Tatil	13.983	70,7	75,8	74,6
Televizyon	25	0,1	0,3	0,3
Çamaşır makinesi	227	1,1	1,5	2,3
Otomobil	9.585	48,4	50,5	53
Telefon	15	0,1	0,1	0,1
Kira ve faturalar	8.589	43,4	47,5	51,3
Kaynak: TUİK 2014, 2015 ve 2016 Gelir ve Yaşam Koşulları Anketi mikro veri seti; BETAM				

Bunun en önemli nedeni, barınma ve beslenme gibi temel ihtiyaçlardan yoksun olan çocukların oranının çok yüksek olması. Örneğin, Türkiye'deki çocukların yüzde 40'ının evinde beslenme sorunu var, yüzde 28'i evinde ısınma sorunu yaşıyor. Ve tabii şu da var: Çocukların yüzde 70'i tatile gidemiyor ama hepsinin evinde televizyon mevcut. Uzun okul dışı dönem için tehlikeli bir alaşım bu...

Yoksulluk prangası, nesilden nesile miras kalıyor

BETAM raporunda da ifade edildiği gibi, yoksul doğan bir çocuk, çocukluğunun büyük kısmını şiddetli yoksunluk içinde geçirdiğinde genelde ömür boyu yoksul kalıyor, hatta sonraki nesillere de bu yoksulluğu miras bırakıyor. Bunun nedeni, yoksulluğun başta beyin gelişimi olmak üzere sağlıktan eğitime geniş bir alanda çocukların normal bir şekilde yetişmesine ket vurması. Öyle ki daha ana rahminde yoksul çocuklar, akranlarından fiziksel olarak ayrılıyor. Yoksul bir çocuk doğum anında düşük kiloyla başlıyor hayata; ardından gelişimin en hızlı olduğu ilk 36 ayda yetersiz beslenen çocuklar gerek fiziksel gerek zihinsel bakımdan akranlarından geriye düşüyorlar. Daha sonra bu riskler katmerlenerek artıyor. Okulöncesi eğitim kurumlarına katılımdan kaliteli okullara devama kadar neredeyse her alanda yara üstüne yara alıyor bu yoksul çocuklar. Sonrasını ise biliyorsunuz, ortaokulda, lise yıllarında okul terkle başlayan, vasıfsız işçilikle devam eden ve sonrasında bir sonraki kuşağa geçen bir kısırdöngü... Tablo karamsar ama Cem Karaca'nın o meşhur şarkısında söylediği gibi yoksulluk elbette kader olamaz. Yeter ki hepimiz meseleyi dert edelim, bu çocuklara kendi çocuklarımız gibi sahip çıkalım.

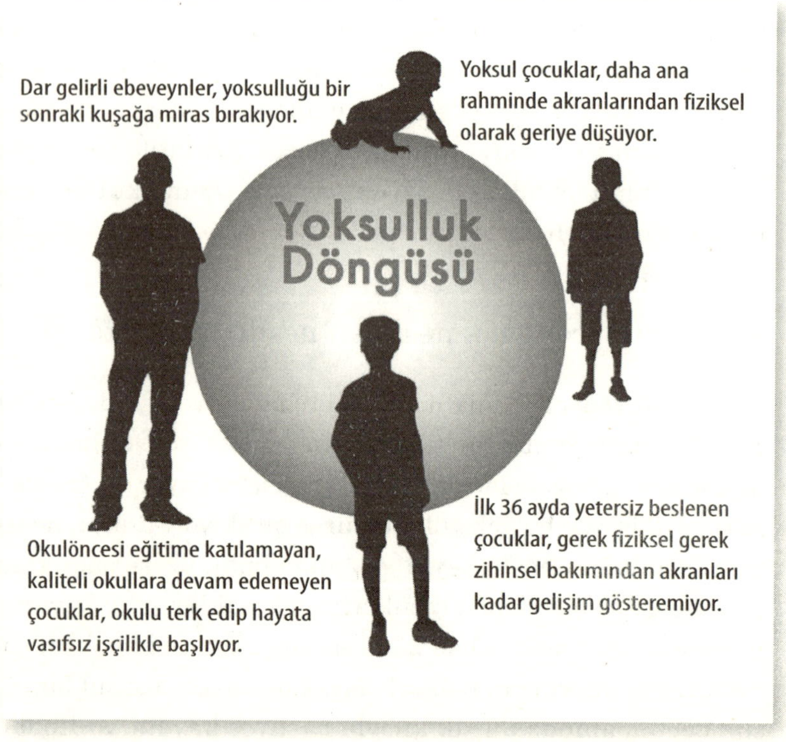

Ne yapmalı?

Çocuk yoksulluğu bize has bir sorun değil. Dünyadaki çocukların yarısı yoksulluk içinde yaşıyor ama son yıllarda bu oran hızla düşüyor. Kalkınma uzmanları yıllardır bu soruna çare arıyor, buluyorlar da. Hal böyle olunca elimizde hangi reformun ne kadar etkili olduğuna dair zengin bir repertuvar var. Bu bağlamda bildiklerimiz şunlar: Her sorunda olduğu gibi çocuk yoksulluğunu da azaltmanın ilk adımı sorunu dert etmektir. Teşhis olmadan tedavi olmuyor. Bu bağlamda önümüzdeki dönemlerde çocuk yoksulluğunun gündeme gelmesi çözüm için önemli bir adım olabilir.

Somut olarak çocuk yoksulluğunu ve bu yoksulluğun çocuklar üzerindeki yıkıcı etkisini azaltmak için benim önerilerim şöyle:

- Doğum öncesi (prenatal) dönemde yoksulluk sınırındaki annelere temel sağlık hizmetlerine ek olarak gıda yardımı sunmak zorundayız.
- 0-36 aylık dönemde çocukların temel sağlık ve barınma ihtiyaçlarını karşılamak ve bundan daha da önemlisi, bu dönemin çocuk gelişiminin en kritik dönemi olduğunu topluma anlatmak zorundayız.
- 36-66 aylık dönemde, yani okulöncesi çağda, özellikle yoksul çocuklar için kaliteli bir okulöncesi hizmeti sunmak zorundayız. Tüm kalkınma iktisatçılarının üzerinde hemfikir olduğu sihirli bir formül varsa o da budur.
- Çocuk yoksulluğunu azaltmanın temel mekanizmalarından biri, yoksul kadınların ekonomik konumunu iyileştirmektir. Bu bağlamda kalkınma reformları tasarlanırken yoksul kadınları eğitime ve istihdama katan politikalara öncelik vermek zorundayız.

– Son olarak Türkiye'de çocuk yoksulluğu coğrafi bölgeler arasında büyük farklılık gösteriyor. Güneydoğu Anadolu, Akdeniz ve Kuzeydoğu Anadolu bölgelerinde yaşayan çocukların neredeyse yarısı şiddetli maddi yoksunluk içinde yetişiyor. Önümüzdeki dönemde hayata geçecek reformlarda önceliği bu bölgelere vermeliyiz.

Gençlerin umudunu kıran bu tabloyu değiştirmek zorundayız!

Gençlerimizin ne kadar mutsuz olduğunu anlatmıştım. Bu mutsuzluğun pek çok nedeni var, ama bu nedenler içinde belki de en önemlisi onların gelecek kaygısı. Çünkü resmi istatistiklere göre, 15-29 yaş arası gençlerin yüzde 30'u ne okulda ne bir kursta ne de bir işte. "Cinsiyete göre atıl genç oranı" tablosunda da göreceğiniz gibi, OECD ülkeleri içinde Türkiye, en yüksek "atıl" genç oranına sahip ülke. Bu tabloyu daha evvel paylaştığım gençlerin mutsuzluğuna dair grafikle yan yana incelediğimizde meselenin birbirinden bağımsız olmadığını görüyoruz. Gençler geleceklerinden umutlu değil.

Gençlerle ilgili bu tarz karşılaştırmalı verilere bakınca bir nokta hep gözden kaçıyor. Ülkemiz hem nüfus bakımından hem de genç nüfusun genel nüfusa oranı bakımından diğer OECD ülkelerinden çok farklı bir demografik yapıya sahip. Ülkemizde yaşayan insanların yarısı 30 yaşın altında. OECD ülkeleri içinde bizden daha genç ülke yok! Atıl durumda bulunan gençlerin oranını incelerken bu noktayı akılda tutmakta fayda var, zira, örneğin bu tabloda bizden sonra gelen İtalya'da ortanca yaş bizden 12 yaş daha yüksek. Yani bizde nüfusun yarısı 30 yaşın altındayken İtalya'da nüfusun yarısı 42 yaşın altında. Bu da tek başına anlamlı değilse şu noktayı hatırlatayım: Nüfus artış oranı da bizde İtalya'nın neredeyse üç katı. Tabii bir de İtalya, Yunanistan ve İspanya'nın bu listeye dönemsel ekonomik krizden dolayı girdiklerini hatırlatmak gerek.

Tabii gençlerle ilgili verilere bakınca bize özgü başka bir sıkıntı daha ortaya çıkıyor: Cinsiyet ayrımcılığı! Yan sayfadaki grafikte de göreceğiniz gibi genç kadınlarla genç erkekler arasında çok ciddi bir makas var. Özellikle 20-24 yaş arası gençlere baktığımızda cinsiyet farkı dehşet verici boyutta: Genç kadınların yüzde 48'i ne okula ne de bir işe gidiyor. Oysa bu oran erkeklerde yüzde 18. Aslında sadece erkekler üzerinden bir kıyaslama yapıyor olsaydık ciddi olarak OECD ortalamasından ayrılmadığımıza hükmederdik. Çünkü bizdeki her sorunda olduğu gibi gençlerin sisteme dahil olmasında da sorun aslında kadınları eğitim ve istihdam süreçlerinin dışında tutmaktan kaynaklanıyor. Biraz daha derine gidersek sorunun eğitimde başarı farkından kaynaklanmadığını da görebiliriz, zira yıllardır üniversite giriş sınavlarında kadınlar erkeklerden daha başarılı. Peki, sorun nereden kaynaklanıyor? Pek çok kız çocuğu okula gitmiyor. Okula gidenlerin önemli bir kısmı liseyi bitiremiyor. Türkiye yüzde 60 oranıyla bu alanda OECD'de en berbat durumdaki ülke. Fırsat verilse okuyacak pek çok kız çocuğu daha ortaokula, liseye adım atmadan sistemden kopuyor!

Bu ve benzeri verileri çoğaltabiliriz, ama bu kitabın muhatabı anne babalar olduğu için burada kesiyorum. Amacım kendi imkânlarımızla, ev ortamında bu tabloyu değiştirmek için yapabileceğimiz şeylere odaklanmak. Eğer toplum olarak bu konuda ne yapılması gerektiğine kafa yoruyorsanız, *Yol Ayrımındaki Türkiye: Ya Özgürlük Ya Sefalet* adlı kitabıma göz atmanızı öneririm. Çünkü dünyada kız çocuklarını eğitmeden, onları ekonomik üretim süreçlerine en iyi şekilde hazırlamadan katma değeri yüksek üretime geçen ülke yok. Dolayısıyla eğer geleceğimize yatırım yapmak istiyorsak ilk başta genç kızlarımızın okul terk sorununa acil bir çözüm bulmalıyız. Aynı şekilde eğer gerçekten dünya ile rekabet etmek istiyorsak genç kadınlarımızı istihdama katmak zorundayız.

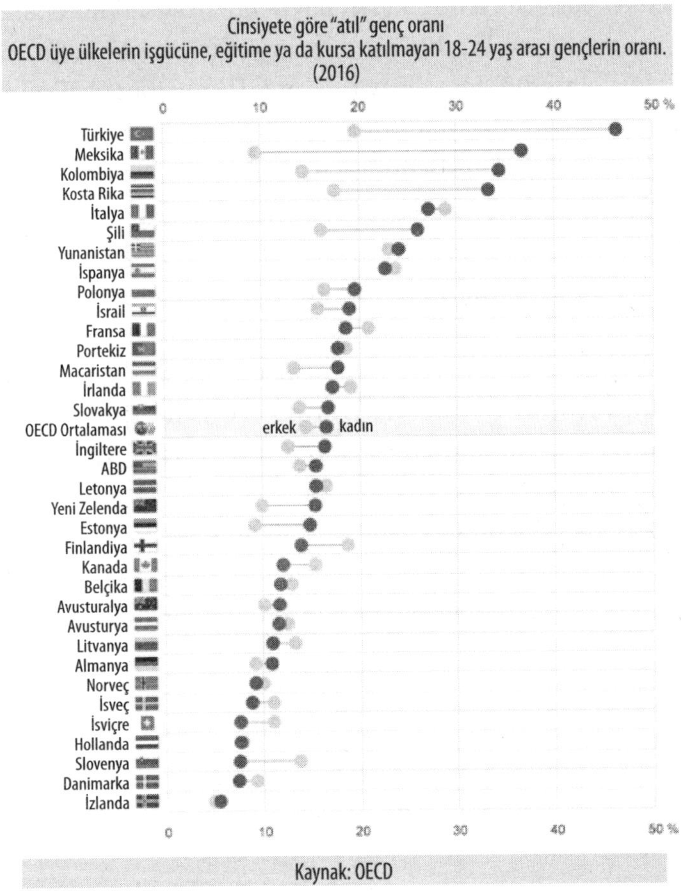

Tahmin ediyorum ki paylaştığım verilere bakarken içinizden şöyle bir ses geçiyordur: "Ama hocam, insanlar anne olup çocuk yetiştirmeyi seçiyor olabilir!" Doğru, bundan daha güzel ne olabilir ki?.. Peki, eğitilmiş bir anne adayı yetiştirmek hem o annenin yetiştireceği çocuk hem de ülke için daha iyi olmaz mı? Çünkü çocuk gelişimine dair tüm veriler bize eğitimli annenin çocuklara yapacağımız en büyük yatırım olduğunu gösteriyor.

Bizleri yetiştiren annelerin böyle bir fırsatı olmamıştı. Benim annem, mesela, ilkokul mezunu. Fırsatı olmadığı, köyde ortaokul olmadığı için okuyamamış. Dünyada gördüğüm anneler içinde en başarılı anne, bana göre benim annem. Beş çocuğunun hepsini üniversiteye göndermiş, başarılı insanlar yetiştirmiş. Ama şimdi ben anneme bakıp herkese aynı reçeteyi öneremiyorum, çünkü koşullar değişti. Annemin zamanında, bir köy ortamında ilkokul mezunu okuryazar olmak Türkiye ortalamasının üstünde bir eğitime sahip olmak demekti. O nedenle 21. yüzyılda eğer dünyayla rekabet edecek yeni nesiller yetiştirmek istiyorsak işe genç anne babaların eğitiminden başlamalıyız. Yapılan tüm araştırmalar gösteriyor ki toplumsal kalkınmanın ilk hamlelerinden biri, özellikle kadınların eğitim ve istihdamının önünü açmaktır. Formül basit: Daha sağlıklı ve başarılı çocuk yetiştirmenin yolu genç kadınlara daha iyi eğitim vermekten geçiyor.

Mülteci çocuklar

Yoksul çocuklar kadar dert etmemiz gereken ikinci grup, ülkemizdeki misafir mülteci çocuklar. Resmi verilere göre ülkemizde 2 milyona yakın mülteci çocuk yaşıyor. Bu çocukların giderek artan sayıda bir kısmı Türkiye doğumlu. Milli Eğitim Bakanlığı'ndan yapılan açıklamaya göre, bu çocukların önemli bir kısmı okula gitmeden yetişiyor.

Resmi rakamlara göre okul çağında olup da hiçbir okula gitmeyen yaklaşık yarım milyon Suriyeli çocuktan söz ediyoruz. Peki, "Nerede bu çocuklar?" derseniz aslında sorunun yanıtını biliyoruz. Türkiye'de yaşayan her 3 Suriyeliden 1'i şu 5 ilde yaşıyor: Şanlıurfa, İstanbul, Hatay, Gaziantep ve Adana.

Savaşın bütün acılarını yaşamış, yerini yurdunu kaybetmiş, ciddi fiziksel ve ruhsal travmalar yaşamış bu çocuklara daha iyi bir gelecek olanağı sunmanın ilk adımı onları örgün eğitime dahil etmek olacak. O nedenle Türkiye acil olarak Suriyeli mülteci çocukların eğitimine yaratıcı çözümler bulmak zorunda. Başta yukarıdaki 5 il olmak üzere bir an evvel yeni çözümleri devreye sokmalıyız. Teknolojik yeniliklerden Bulut Okul'a, Arapça eğitimden okula gelmeyi özendiren para transferine kadar her türlü seçeneğin dahil olduğu bir çözüm paketini devreye sokmak zorundayız.

Bugün dünyada 65 milyondan fazla yerinden yurdundan

edilmiş insan yaşıyor. Bu soruna daha iyi ve daha kötü çözümler bulan ülkeler var. Onların tecrübesinden yararlanmak zorundayız. Tek başımıza, tek bir kişinin ya da tek bir uzmanlığın altından kalkacağı bir sorun değil bu. Norveç'te bizzat benim yürüttüğüm refakatsiz küçük mülteciler projesinden biliyorum bunu. Bu mülteci çocuklar çok ağır travmalar yaşayan, savaşta ailesi dahil herkesi, her şeyi yitiren ve öyle olduğu için Birleşmiş Milletler tarafından özel statüyle korunan çocuklar. Ancak onca travmaya rağmen bu çocuklar gerekli ilgi ve destekle normal bir yetişkin gibi uzun vadede topluma faydalı birer birey olabiliyorlar. Bizim Norveç'teki araştırmalarımız bunu gösteriyor.

Hiçbir şey yapmamanın faturası çok ağır!

"Türkiye olarak başta okul çağındaki çocuklara iyi bir eğitim fırsatı vermezsek ne olur?" derseniz size yanı başımızdaki üç coğrafyaya bakın derim: Afganistan, Afrika ve Ortadoğu. Her birinde gelecekten umudunu kesmiş ve kendi başlarının çaresine bakmaya zorlanmış mültecilerin uzun vadede yaşadığı sorunların nasıl kontrolden çıktığını görebilirsiniz. O nedenle ne yapıp ne edip bize nasıl geldiklerine bakmadan ülkemizde yaşayan mülteci çocuklara iyi bir gelecek sunmak zorundayız. Onları hayata bağlamak, sadece onlara değil, kendi çocuklarımızın geleceğine yapacağımız bir yatırım olacak.

Sonsöz yerine

Neyin nereye varacağına zaman karar veriyor

Diğer kitaplarımda olduğu gibi size bir anımla hoşça kal demek istiyorum. Üniversiteyi bitirince ailevi nedenlerden dolayı acilen işe girmem gerekti. Beş kardeşiz ve benden sonra hepsi üniversiteye girdi... Bir tek babamın öğretmen maaşı var. Benim bir an evvel eve para getirmem lazım. Geliri yüksek diye bir bankada işe girmişim ama mutsuzum. Bankacılık bana göre bir iş değil. Hayalim akademisyen olmak... 1990'larda Türkiye'de böyle bir hayali gerçekleştirmek için önünüzde birkaç devlet üniversitesinden başka bir seçenek yok. ODTÜ'de bölümü dereceyle bitirdiğim halde kadro yok dediler. Bir taşra üniversitesinde de İngilizce sınavında benim o dönemdeki İngilizce seviyem için çok basit sayılabilecek bir sınav yapıp beni elediler... İşte böyle bir ortamda karşıma harika bir fırsat çıktı: Bankalar Birliği ve British Council yüksek lisans bursu veriyor!

İngiltere'nin en iyi üniversitelerinden birinde tam burslu olarak yüksek lisans yapma hayalleri kuruyorum... British Council seçim kriterlerini detaylı yapmış. Önce genel kültür, sonra İngilizce, ardından da sözlü bir sınav var. Hemen başvurdum ve sınava hazırlanmaya başladım... Binlerce kişi arasından yalnızca birkaç kişiyi göndereceklerini duyunca umudumu yitirmedim. Yıllardır böyle bir fırsat kolluyorum... Ben taşrada kadro kovalarken fırsat kapıma gelmiş... Nitekim yazılı sınav sonuçları açıklandığında mülakata çağrılanlar arasında adımı listenin ilk sırasında gördüm. Hayatımın fırsatını işte böyle yakalamıştım.

Mülakat günü takım elbisemi giyip evden birkaç saat erken çıktım. Her şey tam istediğim gibi gidiyorken birden içinde bulunduğum dolmuş durdu. Sonra dışarı bir baktım ki bütün trafik durmuş durumda. Her şeyi hesaba katmıştım ama Meclis'te çıkan bir krizin o gün Ankara trafiğini altüst edebileceğini hesaba katamamıştım. Uzun lafın kısası o gün Bankalar Birliği binasına kan ter içinde vardığımda mülakat sıramı kaçırmıştım. Hayatımın fırsatı işte böyle kaçmıştı...

İngiltere hayallerim tuzla buz olunca aylarca süren bir bunalıma girmiştim. "Bir daha böyle bir fırsat gelmez" derken bir gün "YÖK başkanı bizim bankaya geliyor, git onu kapıda karşıla" dediler. Başkanı kapıda karşılayıp bizim genel müdür katına kadar eşlik edecektim. Asansörde çıkarken dedim ki "Hocam, ben de akademisyen olmak istiyordum. ODTÜ'de yüksek lisansım da bitiyor ama akademik kadro olmadığı için bankacı oldum!" Hoca bu sözlerimi duyunca birkaç soru sordu. Yüksek lisansa devam ettiğimi, not ortalamamım çok yüksek olduğunu görünce benim hayatımın yönünü değiştiren bir bilgi verdi: "Yurtdışında yüksek lisans ve doktora için bir burs sınavı açtık ama bugün son başvuru günü!" İşte "hayatımın fırsatı" yeniden karşıma çıkmıştı... Sonrasını biliyorsunuz!

Bir gün köyde kuzuları koyunlardan ayırmakta başarısız olunca, dedem elini çaresizlikle havaya kaldırıp, "Bu çocuk ekmeğini nasıl kazanacak?" demişti. Kaz da otardım, koyun da. Ama hiçbirinde çok iyi değildim. Elimden tırpan, yığın işi de pek gelmezdi. Acaba, diyorum, becerikli bir köylü olsaydım, köyü terk eder miydim? Köy işlerindeki beceriksizliğimdir beni okulda başarılı olmak zorunda bırakan...

Şimdi eğer o gün YÖK başkanını asansörde görmemiş olsaydım ben akademisyen olmayacak mıydım? Tabii ki hayır. O gün olmasa başka bir gün, karşıma başka bir fırsat çıkacaktı. Çünkü ben araştırma yapmayı, akademisyen olmayı kafaya koymuştum. Sadece kafaya koymamış, olası bir fırsat karşıma çıkar diye yüksek lisansa devam etmiştim. Aynı şekilde TOEFL, GRE gibi sınavlara da kendimi sürekli hazırlamıştım. Yoksa eğer ben hazır olmasaydım, o gün yine YÖK başkanıyla karşılaşırdım ama ya ben onun ne dediğini anlamazdım ya da o benim hazır olmadığımı görüp bana yol göstermezdi.

Kısaca, neyin nereye varacağı her zaman önceden belli olmuyor. Yeter ki siz hazır olun. Yeter ki siz kapıları çalın. Hiçbir başarı tesadüfi değil. Hiçbir başarılı insan da geldiği yere sadece şansla gelmiyor.

Umut, çocukların kuracağı dünyada.
Yetişin cocuklar!

EK

Ne dediler?

Yol Ayrımındaki Türkiye:
Ya Özgürlük Ya Sefalet için ne dediler

Bir ülkeyi, bir toplumu anlamanın en iyi yolu, öteki ülkelerle, öteki toplumlarla karşılaştırmaktır. Çünkü dünyayı birlikte paylaştığımız, çağı birlikte yaşadığımız kültürleri anlamadan, kendimizi anlamak mümkün değildir. O zaman da sayılar girer devreye, rakamlar bütün ayrıntılarıyla kendi hakikatimizi döker gözler önüne. Selçuk Şirin, bu önemli çalışmasında verilerle, kıyaslamalarla, deneyimlemelerle ülkemizin çarpıcı bir fotoğrafını sunuyor bize. Düşünmek, anlamak ve değiştirmek için...

Ahmet Ümit / Yazar

Ne dediler?

Refaha giden yolun özgürlükten geçtiğini verilerle kanıtlıyor Selçuk Şirin. Çocuklarımıza layık bir geleceğin yol haritası, zengin bir Türkiye'nin reçetesi var bu kitapta.

Hamdi Ulukaya / Chobani CEO

Selçuk Şirin, Türkiye'ye yeni bir bakış açısıyla bakıp yeni gerçeklikleri sunan değerli bir bilim insanı. Onu farklı kılan, yerel meselelere küresel perspektiften getirdiği analiz ve yorumlarıdır. Yazılarından istifade ediyorum. Kitabı başucu kaynağı olacaktır.

İsmail Küçükkaya / Gazeteci

Bir Türkiye Hayali için ne dediler

"Düşünde bile göremez işler, düşlerin gördüğü işleri" demiş Can Yücel. Ustanın dizesini verilerle Türkiye gerçekliğine ustaca uyguluyor Selçuk Şirin. Yeni ekonomiyi ve kalkınmayı dert edinenler muhakkak okumalı.

Prof. Dr. Tülin Erdem /
New York Üniversitesi Stern School of Business

Ne dediler?

Türkiye için sadece parlak umutları değil, bu umutları gerçekleştirmenin yöntemlerini de vurgulayan bir çalışma.

Prof. Dr. Emre Kongar / Yazar-araştırmacı

Selçuk Şirin Türkiye'nin bugünkü durumunun fotoğrafını çekmekle kalmıyor, bizlere kurtuluş reçetelerini de sunuyor. Bir hayalin ötesinde, geleceğin Türkiyesine ulaşmak için anahtar niteliğinde bir başucu kitabı.

Cüneyt Özdemir / Gazeteci-CNNTürk

Selçuk Hoca, değişimin, ilerlemenin ve bu dünyaya olan sorumluluğumuzu yerine getirmenin farkındalığımızı artırmakla mümkün olduğunun altını çiziyor; çözümler sunuyor. Selçuk Hoca'ya kulak vermeli. Önce hayal kurmakla başlamalı!

Şevval Sam / Sanatçı

Herkesin *Bir Türkiye Hayali* olmalı.

Ziya Selçuk / Milli Eğitim Bakanı